Handbuch Katzenrassen

Handbuch Katzenrassen

Maria Costantino

Übersetzung: Inge Uffelmann

Bassermann

Der Text dieses Buches entspricht den Regeln
der neuen deutschen Rechtschreibung.

ISBN 3 8094 1852 8

Originaltitel: The Handbook of Cat Breeds

Umschlaggestaltung: Atelier Versen, Bad Aibling
Übersetzung: Berliner Buchwerkstatt, Inge Uffelmann
Redaktion: Berliner Buchwerkstatt, Jeanette Stark-Städele
Gestaltung und Satz: Berliner Buchwerkstatt, Britta Dieterle
Fotos: Paul Forrester
Karten: © Cadmium systems

Printed in China

817 2635 4453 6271

Inhalt

Einleitung

Von der Wildkatze …

Ein Tiger im Wohnzimmer?

»Wer weiß, vielleicht amüsiert sich meine Katze mehr mit mir als ich mich mit ihr, wenn ich mit ihr spiele?«

Dies schrieb der französische Philosoph und Schriftsteller Michel de Montaigne (1533–1592) in seinen Essays von 1580. Wir besitzen zwar domestizierte Katzen, die von uns Menschen abhängig sind, doch sind Katzen niemals unser Eigentum – und werden es nie sein. Beinahe jeder Katzenbesitzer wird, wie Montaigne, einräumen, dass vielmehr die Katze ihn besitzt. Hauskatzen nehmen den Schutz, die Nahrung und die Zuneigung, die wir ihnen bieten, an, doch sie werden immer gemäß ihren eigenen Instinkten und Bedürfnissen leben.

Vor rund 50 Millionen Jahren, in jener Känozoikum genannten Periode, in der die Dinosaurier schon ausgestorben waren, tauchten die ersten Vorfahren der modernen Katzen auf. Aus den Creodonten, den Urraubtieren, entwickelten sich die Miaciden, Fleisch fressende Säuger mit größerem Gehirn, von denen die Caniden (Wölfe, Schakale und später die Hunde) und die Viverriden (kleine Wildkatzen) abstammen. Aus Letzteren wiederum entstanden die ersten echten Katzen, darunter *Smilodon,* der berühmte Säbelzahntiger, der etwa 1,8 m lang wurde, 20 cm lange Fangzähne besaß und dessen Überreste in Nordamerika gefunden wurden. Von *Megantereon,* einer ähnlichen Katze, die zum Vorfahren der Löwen, Geparden und Luchse wurde, fand man fossile Reste in Nordafrika, Indien und den Mittelmeerländern.

Alle Mitglieder der Katzenfamilie sind eng verwandt. Die größte Katze, der Sibirische Tiger, der bis zu 380 kg schwer werden kann, gehört ebenso wie die unscheinbarste kleine Streunerkatze zur Familie der *Feliden.*

… zur Miezekatze

In der Wildnis

Australien und die Antarktis sind die einzigen Gebiete, in denen es keine heimischen Katzenarten gibt, überall sonst auf der Erde findet man Wildkatzen.

Die Zoologen können nicht mit Gewissheit sagen, von welcher der 39 Wildkatzenarten unsere Hauskatzen abstammen. Möglicherweise ist es *Felis sylvestris,* die Europäische Wildkatze, da sie der domestizierten Tigerkatze (Tabby) am ähnlichsten ist – sie ist nur etwas größer und hat eine gerundete Schwanzspitze. Heute findet man die Europäische Wildkatze nur noch in Nordschottland und anderen abgelegenen Teilen Nordeuropas, doch einst war sie in ganz Europa verbreitet. *Felis lybica,* die in Afrika heimische Falbkatze, dürfte jedoch eher als Vorfahre in Betracht kommen, denn sogar die Bezeichnung »Katze« scheint sich von dem arabischen Wort *quttah,* das ja sehr ähnlich klingt, herzuleiten.

Schon vor rund 8000 Jahren lebten Menschen und Katzen zusammen. 1983 fanden Archäologen bei einer Grabung im südlichen Zypern den Kieferknochen einer Katze. Frühe Siedler mussten dieses Tier mitgebracht haben, denn auf Zypern gab es keine Wildkatzen. Wahrscheinlich stammt die domestizierte Katze aus Ägypten, denn anders als die Europäische lässt sich die Afrikanische Wildkatze leicht zähmen.

Allerdings wurden Katzen erst relativ spät domestiziert. Lange vor den Katzen waren Hunde bereits ständige Begleiter des Menschen. Während Hunde Rudeltiere sind, jagen Katzen allein, und so bot es ihnen keinen Vorteil, sich dem prähistorischen Jäger anzuschließen. Als der Mensch vom

Hauskatzen haben dieselben Grundinstinkte wie Wildkatzen.

Aus dem Alten Ägypten stammen die frühesten Katzendarstellungen.

Jäger zum Viehzüchter geworden war, erwiesen sich Hunde als hilfreich, wenn es darum ging, die Herden von den Sommer- zu den Winterweiden zu treiben. Für die Katze mit ihrem festen Territorium war ein solches Wanderleben nicht von Interesse.

Erst um 3000 v. Chr., als Menschen sich als Ackerbauern niederließen, entwickelte sich zwischen Mensch und Katze eine Partnerschaft, denn Getreidespeicher locken Mäuse und Ratten an. Nun bot der Mensch der Katze ein gutes Jagdrevier und bequeme Wohnplätze, im Gegenzug schützte die Katze die Getreidesilos vor den räuberischen kleinen Nagern. So überrascht es nicht, dass wir in dem vom Nil gespeisten Agrarland Ägypten die ersten Wandbilder finden, auf denen Katzen dargestellt sind.

In einer Grabanlage, die auf die Zeit um 2600 v. Chr. datiert wird, befindet sich ein Wandgemälde, das eine Katze mit Halsband zeigt. Ob es sich um eine domestizierte Katze handelte, ist ungewiss, doch spätestens ab 2000 v. Chr. wurde die Katze in Ägypten als Gottheit verehrt. Eine Reihe von Göttern und Göttinnen wurden katzengestaltig abgebildet, darunter der Sonnengott Re (zweifellos weil Katzen die Wärme der Sonne lieben!) und Mafdet, die als schlangentötende Katze dargestellt wurde (eine lohnende Beute in einem Land, das von Schlangen wimmelt!). Vor allem aber wurden Katzen mit Bastet, der katzenköpfigen Fruchtbarkeitsgöttin, in Verbindung gebracht. Das Zentrum ihres Kultes war die im östlichen Nildelta gelegene Stadt Bubastis, wo ein großer Tempel der Göttin stand, in dem unzählige Katzen lebten. Die Priester beobachteten das Verhalten dieser Tiere um zu sehen, ob die Göttin »spreche«.

Jedes Jahr fand zu Ehren der Göttin ein großes Fest statt. Die Feierlichkeiten –

Katzen spielten in der Agrarwirtschaft Ägyptens eine wichtige Rolle und wurden als Götter verehrt.

Fruchtbarkeitsriten, die auf fremde Besucher oftmals schockierend wirkten – wurden auch in der frühchristlichen Zeit noch abgehalten. Erst Kaiser Theodosius verbot den Kult im Jahr 392 v. Chr.

Vermutlich begann man in Ägypten etwa um 1800 v. Chr. Katzen im modernen Sinne zu domestizieren. Ein Wandgemälde im Grab des Schreibers Nebamun, der zur Zeit des Neuen Reiches (ca. 1567–1085 v. Chr.) lebte, zeigt eine Katze, die darauf abgerichtet ist, in den Sümpfen gejagte Vögel zu apportieren.

Da sie so hoch geachtet wurden, ließen die ägyptischen Besitzer ihre verstorbenen Katzen mumifizieren und brachten sie dann in den Tempel nach Bubastis. Katzenjunge wurden – vielleicht weil sie so klein waren – in konservierende Chemikalien getaucht und dann sorgfältig mit Leinenbinden umhüllt. Die Überreste sind kaum mehr als winzige Bündel aus Staub und Knochenfragmenten, doch manche dieser Mumien wurden auch in kleine Bronzekästen, die oft mit einer Katzenfigur geschmückt waren, gelegt.

Ausgewachsene Katzen präparierte man mit äußerster Sorgfalt für das »Weiterleben«, und reiche Besitzer scheuten dabei keine Kosten. Der Katzenkörper wurde vor dem Bandagieren in eine sitzende Stellung gebracht, damit es den Anschein hatte, das Tier wäre noch am Leben. Der Körper wurde mit aus zweifarbigen Stoffstreifen geflochtenen Leinenbändern zylinderförmig umwickelt, vielleicht um die Musterung des Fells nachzuahmen. Den Kopf bedeckte eine Maske aus Papyrus, an der zwei bemalte Leinenflicken angebracht waren, die die Augen darstellten. Nase und Ohren bildete man aus Palmfasern nach. Die so gestaltete Mumie wurde in einen Holz- oder Bronzesarg gelegt, der wie eine sitzende Katze geformt war und außen mit dem gemalten Bild der Katze geschmückt war, um lebensecht auszusehen.

Mehr als 300 000 Katzenmumien, säuberlich aufgereiht in Regalen eines unterirdischen Friedhofs liegend, hat man im 19. Jahrhundert bei Ausgrabungen in Bubastis entdeckt – eine wahre »Katzakombe«! Nur eine Hand voll ist jedoch erhalten geblieben: Einige befinden sich heute im British Museum in London und in anderen Sammlungen. Den meisten Mumien war jedoch der Kopf abgeschlagen worden, damit der Inhalt der Mumienpakete als Dünger auf die Felder gestreut werden konnte. 1889 verschiffte man beinahe 20 Tonnen pulverisierte Katzenmumien als Dünger nach Liverpool, wo sie für vier Pfund die Tonne bei einer Auktion verkauft wurden.

Dieses Vorgehen stand in krassem Gegensatz zu altägyptischen Rechtsvorschriften, die harte Strafen für die vorsätzliche Verletzung einer Katze vorsahen. Auch der Export von lebenden oder toten Katzen ins Ausland war strikt verboten. Trotzdem wurden offenbar gelegentlich Tiere außer Landes geschmuggelt, und bald erschienen in Griechenland und Italien Abbilder von Katzen auf Münzen und Vasen.

Diese Katzenstatue stellt die Göttin Bastet dar.

Als Ägypten nach der Niederlage Kleopatras 30 v. Chr. eine Provinz des Römischen Reiches wurde, brachten römische Soldaten Katzen nach Italien. In der Folge verbreiteten sich Katzen im gesamten römischen Weltreich. In Großbritannien fand man Überreste »römischer« Katzen, die vermuten lassen, dass man sie hier als Haustiere hielt. Obgleich nicht wie in Ägypten als göttlich verehrt, wurde die Katze in Rom doch mit der Jagd- und Mondgöttin Diana in Verbindung gebracht. Im vierten Jahrhundert beschrieb der Landwirt Palladius den Nutzen von Katzen als Schutz vor Mäusen und Maulwürfen.

Nachdem sie Kleopatras Armee 30 v. Chr. geschlagen hatten, brachten die Römer Katzen nach Italien.

Nach dem Fall des Römischen Reiches setzte in Europa das »finstere Mittelalter« ein, in dem sich die christliche Kirche zu etablieren versuchte und die früheren heidnischen Kulte ausmerzen wollte; doch viele heidnische Bräuche überlebten. Die Einstellung gegenüber Katzen war gespalten. In vielen Ländern waren Katzen per Gesetz geschützt, und in englischen Klöstern galten sie als geeignete »Gefährten« für Nonnen. 936 setzte Hywsel, Prinz of Wales, den Wert der Katzen gesetzlich fest: Ein Katzenjunges mit noch geschlossenen Augen war einen Penny wert, bis es die erste Maus fing zwei Pence, dann stieg der Wert auf vier Pence. Wurde eine Katze, die die königlichen Getreidespeicher bewachte, absichtlich getötet, so hatte der Schuldige so viel Weizen zu bezahlen, wie nötig war, um den Katzenkadaver komplett zu bedecken.

Andererseits galten Katzen als Gehilfen des Teufels. Im frühen Mittelalter ging das Bild der römischen Göttin der Jagd, die auch auf Mond und Katzen Einfluss hatte, über in die Vorstellung von Hekate, der Königin der Nacht und Oberste der Hexen. In der Folge wurde eine Verbindung hergestellt zwischen Katzen – besonders den schwarzen – und den schwarzen Künsten der Magie und Zauberei, und so wurden Katzen verteufelt und verfolgt.

In Großbritannien erreichte der Hexen- und mit ihm der Katzenwahn Mitte des 17. Jahrhunderts seinen Höhepunkt, als der berüchtigte Hexenfänger Matthew Hopkins hunderte von »Hexen« hinrichten ließ, nachdem sie sich unter Folter für schuldig bekannt hatten. Da die Katze ein idealer Gefährte der Armen und Einsamen ist – sie sucht sich ihre Nahrung selbst und spendet mit ihrem Schnurren viel Trost –, lag das aus religiösem Wahn und ängstlichem Aberglauben geborene Missverständnis nahe. Der puritanische Prediger John Paul veröf-

Im Mittelalter brachte man Katzen mit Hexerei in Verbindung und verfolgte sie gnadenlos.

fentlichte eine Sammlung von Hasstiraden über die Hexerei, in denen er nicht vor der Behauptung zurückschreckte: »Ein altes Weib mit Runzeln im Gesicht, Haaren auf der Oberlippe, zusammengekniffenen Augen, einer Spindel in der Hand und einem Hund oder einer Katze an der Seite, ist der Hexerei nicht verdächtig, sondern überführt.«

Religiöse Eiferer brachten diese Einstellung auch nach Amerika. Der berühmteste Hexenprozess der Kolonie Neu England fand 1692 in Salem, Massachusetts, statt. Einer der Zeugen behauptete, eine Katze habe ihn nachts im Schlaf angegriffen, nachdem eine der mutmaßlichen Hexen ihm gedroht hatte, dass ihn »bald der Teufel holen« werde.

Während Katzen im Westen wenig geachtet und oft verfolgt wurden, waren sie im Osten hoch angesehen. In China verehrte man den katzengestaltigen Fruchtbarkeitsgott Li Chou, und man opferte den Katzen,

Für die Muslimen sind Katzen gesegnete Wesen; Mohammeds Katze hieß Muezza.

wenn die Ernte gut ausfiel. Auch in Japan galten Katzen als heilig und noch heute gelten Katzen mit getigertem Fell als Glücksbringer.

Überall im Fernen Osten werden Katzen als Glücksbringer betrachtet. In Malaysia glaubt man, dass es Regen gibt, wenn man eine Katze badet. Während das Christentum die Katze oft verteufelte, gilt dem Islam die Katze als rein. Der Prophet Mohammed soll einmal einen Ärmel von seinem Gewand abgetrennt haben, weil seine Lieblingskatze Muezza auf seinem Arm schlief und er sie nicht wecken wollte.

Bei den letzten Hexenprozessen in England (1712) und Schottland (1722) wurden Katzen noch als »Mittäter« genannt. Mitte des 18. Jahrhunderts ließ die Katzenverfolgung jedoch langsam nach und man begann allmählich, die Katzen als Freunde zu betrachten, etwa in Märchen wie »Der gestiefelte Kater«. Im frühen 19. Jahrhundert schließlich waren Katzen in den Salons feiner Damen wieder sehr beliebt. Sie waren nicht nur als angenehme Gesellschaft, sondern auch als Orakeltier sehr gefragt.

Trotz des Größenunterschieds ist der Tiger ein naher Verwandter der Hauskatze.

Der Schein trügt: Auch verwöhnte Hauskatzen haben noch immer natürliche Instinkte.

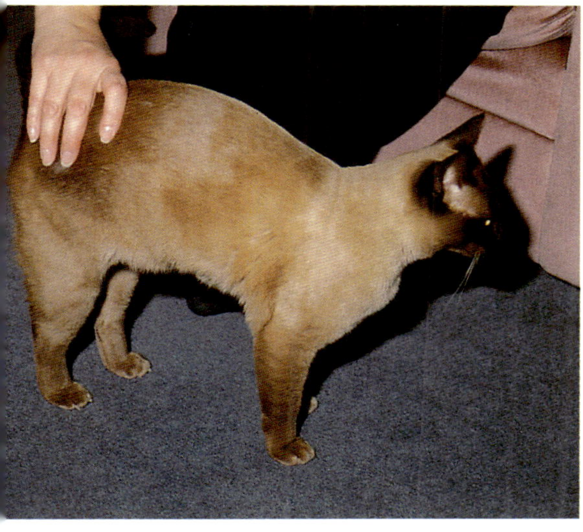

Unsere Einstellung gegenüber Katzen hat sich im Laufe der Jahrhunderte immer wieder verändert und viele verschiedene Arten sind inzwischen gezüchtet worden. Heute zählt man weltweit mehr als 100 Rassen und eine unbekannte Zahl von Varietäten. Doch die ursprünglichen Instinkte der Katzen haben sich durch das Zusammenleben mit dem Menschen kaum verändert. Das Haustier mit dem weichen Fell, das zufrieden schnurrend auf dem Schoß seines Besitzers liegt, ist noch immer ein genauso erfolgreicher Jäger wie sein naher Verwandter, der Löwe in der afrikanischen Savanne. Katzen gehören mit ihren extrem scharfen Sinnen zu den fähigsten Tieren; sie sind geduldige Jäger, die sich geschickt und lautlos an ihre Beute anschleichen und bewegungslos verharren, bis der Augenblick zum Sprung gekommen ist.

Kapitel 1
Haus- und Rassekatzen

Es gibt Tabbys mit Stammbaum, doch findet man unter ihnen auch rasselose »Streuner«.

Während Hunde schon seit Jahrhunderten wegen bestimmter Merkmale ihres Aussehens und ihres Charakters gezüchtet werden, fanden die ersten Katzenschauen, bei denen man ernsthaft versuchte, Rassenmerkmale für bestimmte Merkmale der äußeren Erscheinung festzulegen und zu kontrollieren, erst im 19. Jahrhundert statt. Seither hat man viele verschiedene Fellmuster und -farben herausgezüchtet, die von den Züchterverbänden standardisiert wurden, um die mehr als 100 Rassen einordnen zu können. Doch nicht alle Neuzüchtungen werden in allen Ländern und von allen Verbänden anerkannt.

Mischlinge, Streuner, Straßenkatzen, Dachhasen oder wie immer man Katzen ohne Stammbaum nennen mag, entsprechen, auch wenn sie noch so hübsch aussehen und eine bestimmte Herkunft vermuten lassen, nicht den Standards der Züchter. Dabei führt das Wort »Stammbaum« leicht zu Missverständnissen. Alle Katzen haben natürlich Vorfahren und folglich einen Stammbaum; was die Züchter meinen, ist eine über mehrere Generationen zurückverfolgbare Reinrassigkeit. Während sich um die Herkunft einiger der älteren Rassen Mythen und romantische Geschichten ranken, ist selbst die genaue Herkunft modernerer Züchtungen oft nicht im Einzelnen bekannt oder Gegenstand heftiger Debatten.

Wegen der dafür verantwortlichen dominanten Gene gibt es unter den Hauskatzen wahrscheinlich mehr Tabbys (Tigerkatzen) als andere Fellmusterungen und mehr Kurz- als Langhaarkatzen. Hauskatzen sind im Allgemeinen gedrungener und haben rundere Pfoten. Sie haben genauso ausdrucksvolle und anrührende Gesichter wie ihre hochgezüchteten Vettern, und eine langhaarige Mieze ohne Stammbaum kann ebenso elegant aussehen wie ein reinrassiger Perser. Es überrascht also nicht, wenn Katzen aller Farben und Formen zu den beliebtesten Haustieren in aller Welt zählen.

Rassekatzen und Zuchtverbände

Obwohl schon im 16. Jahrhundert Katzenschauen abgehalten wurden – die erste fand wohl 1598 im englischen Winchester statt – dürfte es sich dabei doch eher um Verkaufsausstellungen für gute Mäusefänger gehandelt haben. 1871 veranstaltete Harrison Weir im Crystal Palace in London die erste offizielle Katzenschau. Weir, der selbst einer der drei Juroren der 160 Ausstellungen war, definierte auch die zu beachtenden Richtlinien für alle gezeigten Züchtungen. Obwohl sich inzwischen vieles geändert hat, sind die von Weir aufgestellten Regeln noch immer grundsätzlich gültig. Für manche Züchtungen gelten weltweit dieselben Bedingungen, andere unterliegen in verschiedenen Ländern unterschiedlichen Standards. Vorrangig betreffen die Richtlinien der verschiedenen Zuchtverbände das äußere Erscheinungsbild – Körperform, Farbe, Musterung. Neuerdings werden aber gelegentlich auch Temperament und Charakter bewertet.

James T. Hyde organisierte 1895 im Madison Square Garden in New York die

Die Standards haben sich im Laufe der Zeit geändert, doch die Grundzüge der Katzenschauen sind gleich geblieben.

Champion der ersten Katzenschau in Amerika war 1895 eine Maine Coon.

Die haarlose Sphynx wird gegenwärtig nur von der TICA anerkannt.

erste amerikanische Katzenschau, die ernsthaftes Interesse weckte. Eine Maine Coon wurde zum Champion gekürt, obwohl die Züchtung selbst erst 1967 offizielle Anerkennung in den USA fand. 1896 wurde der American Cat Club als erster registrierter Verband gegründet.

Der größte unter den registrierten Verbänden ist heute der 1906 gegründete CFA (Cat Fancier's Association), der Vertretungen in den USA, Kanada, Südamerika, Europa und Japan hat. Die Standards der CFA werden oft als »puristisch« bezeichnet, da er bei vielen Rassen nur bestimmte Farbschläge zulässt.

Etwas weniger streng verfährt der 1910 gegründete GCCF, Großbritanniens Governing Council of the Cat Fancy, der Vertretungen in Südafrika, Australien und Neuseeland unterhält.

In Europa gehören viele Verbände der FIFé (Fédération Internationale Féline) an, die sich 1949 formierte und heute angibt, der weltweit größte Verband zu sein.

Der liberalste und experimentierfreudigste Verband ist der 1979 in den USA gegründete TICA (The International Cat Association).

Da jeder Verband eigene Regeln für die Aufnahme oder den Ausschluss bestimmter Rassen hat – und dabei wiederum nur bestimmte Farbschläge und Fellmuster zulässt –, werden manche Züchtungen nur von manchen Verbänden anerkannt. So werden beispielsweise die haarlose Sphynx oder die zwergenhaft kurzbeinige Munchkin allein von der TICA anerkannt. Die Verbände jedes Landes registrieren auch Jungkatzen sowie Besitzerwechsel und legen die Termine für Ausstellungen fest.

Zuchtklassen

Die stammbaumlose Hauskatze wird hier nicht aufgenommen, obwohl Katzenschauen sie oft in einer Klasse führen, in der die Juroren nach Aussehen und Zustand beurteilen. Es gibt folgende sieben anerkannte Zuchtklassen:

- Langhaarkatzen des Persertyps
- Langhaarkatzen des Non-Persertyps (z. B. Maine Coon), deren einziges gemeinsames Merkmal die langen Haare sind
- Britische und Amerikanische Kurzhaarkatzen
- Burmakatzen
- Siamkatzen
- Orientalische Kurzhaarkatzen (meist in Größe und Form der Siam ähnlich, aber ohne deren typische Abzeichen – genetisch besitzen diese Katzen den so genannten »Himalayan Factor«)
- Andere Kurzhaarkatzen (z. B. Rex, Mau, Abessinier), die nicht in die anderen Kurzhaarklassen passen

Kapitel 2
Der Körperbau der Katze

Anatomie der Katze

»Katzen, nicht weniger wandelbar als ihre Schatten, bieten dem Wind keine Winkel. Sie schlüpfen, verjüngt und flink, durch Öffnungen, die schmaler sind als sie selbst.«

Katzen, A. S. J. Tessimond (1934)

Balanceakt: Katzen sind geschickt wie Seiltänzer.

Kaum ein Hindernis schreckt eine Katze ab.

Man muss nur beobachten, wie elegant sich eine Katze bewegt, wie kraftvoll sie Beute anspringt, wie sicher sie auf schmalsten Graden balanciert und wie intelligent sie auf den feinsten Reiz reagiert, um zu begreifen, wie wunderbar sie geschaffen ist.

Das Skelett der Katze besteht aus etwa 250 Knochen – je nach Rasse hat es mehr oder weniger Schwanzknochen –, die durch 517 Muskeln verbunden sind. Die Muskeln der Extremitäten, des Halses und der Schulter sind besonders kräftig, was Katzen ihre außerordentliche Sprungkraft zum Fangen der Beute verleiht. Die Vorderbeine können in fast alle Richtungen gedreht werden, der Kopf hat einen Wenderadius von 180 Grad und die Wirbelsäule ist extrem beweglich und kräftig.

Die Funktion des Schwanzes ist irgendwie geheimnisvoll – Katzen selbst scheinen mitunter von ihm verwirrt und belustigt zu sein. Selbst ältere Katzen können vom

Anblick des eigenen Schwanzes noch so überrascht sein, dass sie minutenlang im Kreis hinter ihm her jagen! Katzen benutzen den Schwanz nicht, um sich festzuhalten. Er ist auch nicht als Balancierhilfe nötig, denn Manxkatzen kommen gut ohne ihn aus – allerdings sind sie keine begabten Kletterer –, und Katzen, die ihren Schwanz durch einen Unfall verloren

Das Rückgrat der Katze ist sehr beweglich.

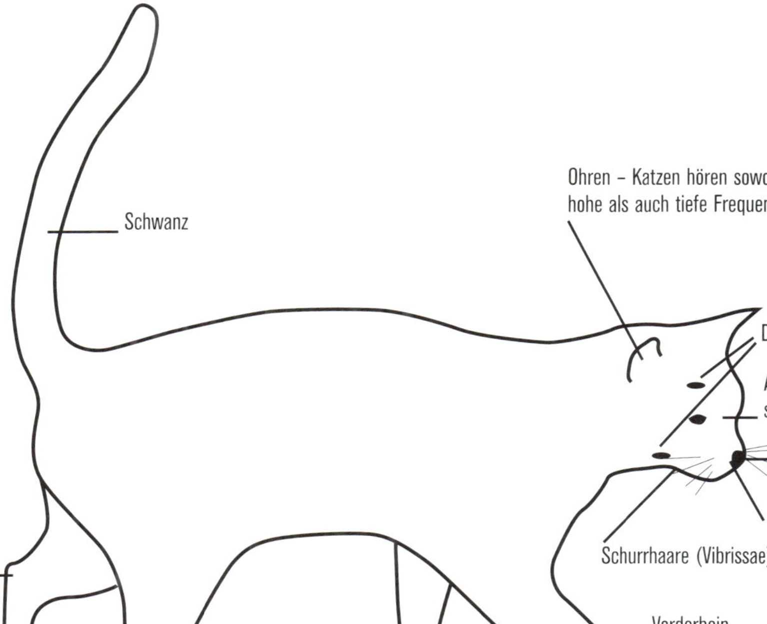

Kräftige Beine und ein beweglicher Rücken erlauben der Katze eine Vielzahl von »Stellungen«.

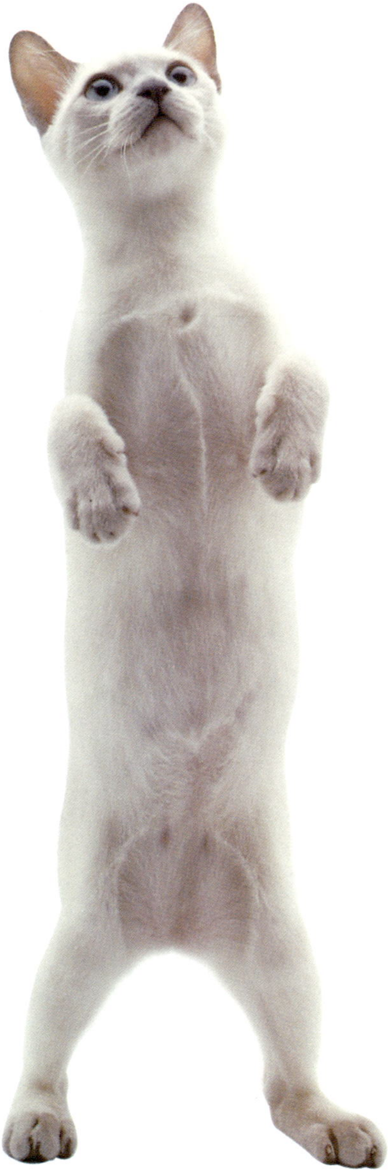

Im Durchschnitt schläft die Katze 16 bis 18 Stunden täglich.

haben, sind dadurch nicht deutlich behindert. Wie auch immer, der Schwanz einer Katze ist sehr berührungsempfindlich und kann sich gehörig aufblähen, wenn der Katze ungebetene Gäste in die Quere kommen!

Der Gleichgewichtssinn der Katzen und ihre Fähigkeit, bei Stürzen immer auf den Füßen zu landen, der so genannte Stellreflex, wurde einst auf die Struktur ihrer Innenohren zurückgeführt. Interessanterweise werden Katzen, anders als Hunde und Menschen, nicht seekrank, weshalb man sie früher gern als Mäusefänger auf Seereisen mitnahm. Experimente mit einer 15 Jahre alten Katze, die von Geburt an taub war, ließen jedoch den Schluss zu, dass das Innenohr nicht der einzige Grund für

Wir füttern Hauskatzen zwar regelmäßig, doch ihre Verdauungsorgane sind so groß, dass sie viel fressen und dann wieder hungern können.

den Stellreflex ist. Ließ man diese taube Katze auf eine gepolsterte Matte fallen (sie sollte sich ja nicht verletzen), dann drehte auch sie sich und landete auf den Pfoten. Verband man ihr jedoch die Augen, konnte sie weder den Körper während des Sturzes richtig drehen, noch kam sie nach der Landung rasch wieder auf die Beine. Man vermutet daher, dass der Sichtkontakt zur Horizontlinie beim Stellreflex eine wichtigere Rolle spielt. Wenn eine Katze im Halbschlaf oder aus zu großer Höhe stürzt, kann sie sich durchaus verletzen – besonders der Kieferknochen ist gefährdet, wenn sie damit aufschlägt.

Obwohl sie so agil, geschmeidig und kräftig ist, hat die Katze doch nur einen kleinen Brustkorb, was bedeutet, dass das Herz klein und das Durchhaltevermögen der Katze eingeschränkt ist. Energieausbrüche ermüden sie also leicht, und die Katze muss sich von allen Anstrengungen durch lange (manchmal sehr lange) Ruhepausen erholen. Im Durchschnitt schlafen Katzen 16 bis 18 Stunden täglich – doch man darf sich nicht täuschen: Auch im Schlaf sind Sinne und Gehirn der Katzen höchst aktiv!

Während der Brustkasten klein ist, nehmen die Verdauungsorgane großen Raum ein, sodass Katzen sich an einem großen Fang regelrecht überfressen und dann wieder längere Zeit hungern können. Obgleich wir unsere Hauskatzen regelmäßig füttern, unterscheidet sich das Verdauungssystem der domestizierten Katzen nicht von dem der wilden Verwandten.

Pfoten und Krallen

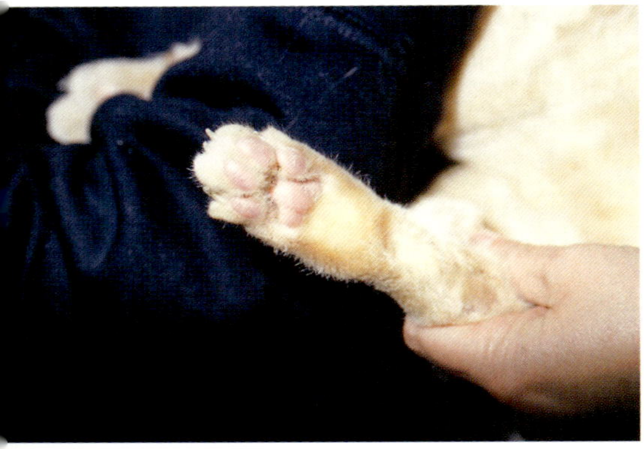

Die fleischigen Ballen der Pfoten federn Druck und Lärm ab, sodass Katzen lautlos gehen.

Die erwachsene Katze kann die Krallen, mit denen sie Beute fasst und sich beim Klettern hält, einziehen.

Katzen laufen nicht auf den Füßen, sondern nur auf den Zehen; ihr Fußgelenk befindet sich auf halber Höhe des Beines. Die meisten Katzen haben an den Vorderpfoten fünf, an den Hinterpfoten vier Zehen, doch eine durch eine genetische Veränderung (Mutation) verursachte Polydaktylie (Mehrzehigkeit) ist nicht selten. Bei großen Katzenpopulationen verschwinden solche Mutationen nach einigen Generationen wieder, bei isolierten Populationen haben sie eine größere Chance, sich zu erhalten. In Boston, Massachusetts, und in Halifax, in der kanadischen Provinz Neuschottland, kommt Polydaktylie häufig vor, denn als die ersten Siedler mit ihren Katzen dorthin kamen, gab es hier nur wenige Wildkatzen, mit denen sich die eingeführten Tiere hätten paaren und die Mutation auskreuzen können. Die mehrzehigen Katzen bildeten also einen großen Prozentsatz innerhalb eines kleinen Genpools.

Katzen sind äußerst geschickt im Umgang mit ihren Vorderpfoten, die sie vielfältig einsetzen: zum Halten von Beute oder Spielzeug, zum Schlagen, Tasten, Stoßen, Stupsen, sogar zum Schöpfen, wenn ein Milch- oder Sahnetopf mit schmaler Öffnung nicht anders zugänglich ist. Viele Katzen sind hervorragende Angler, wie der große Naturforscher Charles Darwin beobachtete. Sie verwenden eine Technik, die man mit »Eintauchen und Hochflippen« umschreiben könnte: Die eintauchende Pfote greift unter den Fisch und schleudert ihn weit aus dem Wasser. Liegt er erst einmal auf dem Trockenen, kann die Katze ihn mit beiden Pfoten greifen.

Die fleischigen Ballen unter den Katzenpfoten federn jeden Druck ab und dienen als Schallschlucker; daher können Katzen lautlos gehen. An den Ballen befinden sich aber auch Schweißdrüsen. Sie eriauben es den Katzen, Geruchsspuren zu hinterlassen, wenn sie an einem Baum – oder Ihren Möbeln – kratzen. Die Hinterpfoten sind etwas weniger beweglich, doch immer noch sehr kräftig, und bei Kämpfen können Katzen damit gehörig ausschlagen. Die Krallen geben nicht nur Halt auf glatten

Die Vorderpfoten lassen sich vielfältig einsetzen.

Am Kratzbaum kann die Katze ihren Instinkten frönen, ohne die Möbel zu beschädigen.

Flächen oder beim Klettern auf Bäume, sie können auch tödliche Waffen sein.

Erwachsene Katzen können die Krallen vollständig einziehen, was sie nicht nur schützt, sondern auch einen lautlosen Gang ermöglicht. Katzenjunge – und Siamkatzen – können die Krallen nicht ganz einziehen, weshalb man ihre Krallen hört, wenn sie über harte Böden laufen.

Katzen benutzen ihre Pfoten auch als Bürsten und Kämme. Ihre Beweglichkeit erlaubt der Katze, nahezu jede Körperregion mit der Zunge zu erreichen, nur Kopf und Hals sind ausgenommen. Hier setzt sie die mit der Zunge angefeuchtete Pfote zur Körperpflege ein.

Alle Katzen lieben es, sich nach einem erholsamen Schläfchen ausgiebig zu strecken.

Kapitel 3
Die Sinne der Katze

Die Zunge der Katzen ist rau, so kann sie Flüssigkeiten auflecken und Fleisch von Knochen raspeln.

Geschmacks- und Geruchssinn

Die Zunge der Katze ist mit Widerhäkchen, so genannten filiformen Papillen, besetzt. Sie bilden nicht nur einen wirksamen Reinigungsmechanismus, sie eignen sich auch ideal zum Auflecken von Flüssigkeiten und zum Abschaben von Fleisch von Knochen. Ihr einziger Nachteil besteht darin, dass sie zum Schlund hin gebogen sind, weshalb die Katze kaum verhindern kann, dass sie etwas, das in ihr Maul gerät, auch schlucken muss, zum Beispiel die eigenen Fellhaare. Die Zunge ist sehr empfindlich und kann, wie die menschliche Zunge, zwischen salzig, bitter und scharf, zwischen heiß und kalt sowie flüssig und fest unterscheiden.

Schärfer ausgebildet ist jedoch der Geruchssinn der Katze. Sie besitzt dreimal so viele Riechzellen wie der Mensch, denn ihre Nase enthält winzige Knochenplättchen, die die Fläche des Naseninnenraums vergrößern, sodass mehr Riechzellen Platz finden. Der Geruchssinn dient zum einen der Auffindung und Beurteilung von Nahrung, zum anderen dazu, Sexualpartner ausfindig zu machen. Katzen besitzen Duftdrüsen an den Schläfen und am Kinn. Wenn sie ihren

Kopf an Gegenständen reiben, seien es Tischbeine, Türrahmen, die Beine ihrer Besitzer oder Einkaufstaschen, so hinterlassen sie dort Duftmarken. Auch durch kleine Urinspritzer markieren Kater und Katzen ihre Territorien.

Wenn Sie beobachten, wie Ihre Katze mit halboffenem Maul die Luft einzieht und dabei einen Gesichtsausdruck zwischen Gähnen und Grimasse zeigt, so ist das eine Art des Riechens, die man Flehmen nennt. Die Katze saugt Luft und mit ihr Duftstoffe ein, die über das jacobsonsche Organ geführt werden, das in der Nasenhöhle sitzt und die Sinneszellen in der Nase ergänzt. Zwei kleine Gänge hinter den Schneidezähnen führen zu diesem Organ.

Der Geruchssinn hilft, mögliche Nahrung und Paarungspartner zu erkennen.

Katzen verfügen über dreimal so viele Geruchszellen wie Menschen.

Die Augen der Katze

Für die meisten Säugetiere ist der Geruchssinn der wichtigste Sinn, um Nahrung zu finden und Gefahren zu wittern. Für die Katzen ist, wie für Menschen und Affen, der Gesichtssinn bedeutsamer. Obwohl Katzen im Verhältnis zur Kopfgröße sehr große Augen haben, können sie in völliger Finsternis nichts sehen, aber dennoch sehen sie bei schlechten Lichtverhältnissen sechsmal besser als der Mensch. Große, flache Zellen im Augenhintergrund bilden eine Art Spiegelfläche (Tapetum lucidum), die nicht vollständig absorbiertes Licht reflektiert und dadurch die Information verstärkt, die auf die Netzhaut fällt. Es ist das Tapetum lucidum, das Katzenaugen im Dunklen leuchten lässt.

Durch Bewegung der Iris öffnen und schließen sich die Pupillen der Katze bei Lichteinfall.

Katzen haben einen Sichtwinkel von 205 Grad – sie decken einen binokularen Sichtwinkel von 120 Grad ab und darüber hinaus einen monokularen Winkel von weiteren 80 Grad. Außerdem können sie sich rasch an wechselnde Lichtverhältnisse anpassen. Bei Dunkelheit weitet sich die Iris sehr stark, um möglichst viel Licht durch die fast runde Pupille einzulassen; ist es sehr hell, zieht sich die Iris zusammen, die Pupille bildet einen senkrechten Schlitz. Ein drittes Augenlid, Nickhaut genannt, sitzt im inneren Augenwinkel und schützt das Auge vor zu grellem Licht.

Früher hielt man Katzen für farbenblind. Heute weiß man, dass sie Farben unterscheiden, doch ihre Farbwahrnehmung ist schwächer ausgeprägt als beim Menschen und sie reagieren kaum auf Farben. Außerdem können sie trotz ihres guten Sehvermögens unbewegte Gegenstände nicht gut wahrnehmen, hingegen sind sie Künstler in der Abschätzung von Entfernungen und in der Erfassung beweglicher Objekte. Ein vor die Katze gelegtes neues Spielzeug lässt sie kalt, wird es aber bewegt, so wird aus der trägen Mieze ein kleiner Tiger! Auch wenn man die eigenen Finger oder Zehen unter einer Decke versteckt, interessieren sie die Katze überhaupt nicht, fängt man aber an, damit zu wackeln, wird die Katze sofort reagieren.

Zum Sprung bereit: Sich bewegende Ziele sind viel interessanter als ruhende.

Züchtern ist es gelungen, bei Katzen eine erstaunliche Vielfalt an Augenfarben zu züchten. Sie reicht von Tiefblau bis zu feurigem Orange. Katzenjunge werden mit blauen Augen geboren, doch wechselt die Farbe bald zu Kupferbraun, Orange, Gelb oder Grün. Wildkatzen haben kupferfarbene oder haselnussbraune Augen mit einem Stich ins Gelbe oder Grüne beim alternden Tier. Die Form der Augen ist oval und sie stehen leicht schräg. Züchtungen, die der Wildform ähnlich sind, wie die Maine Coon, haben ebenfalls solche Augen.

Entgegen der weit verbreiteten Annahme hat die Fellfarbe nichts mit der Augenfarbe zu tun, obwohl einige Züchterstandards die beiden Merkmale verknüpfen. So fordert der Standard der meisten Verbände bei Silbertabbys grüne Augen, doch von ihrer genetischen Anlage her können sie auch kupfer- oder goldfarbene Augen haben. Die einzige Augenfarbe, die mit der Fellfarbe korreliert, ist Blau. Blaue Augen entstehen durch eine Art Albinismus, der Mangel an Pigmenten lässt das Fell weiß und die Augen blau werden, sodass fast nur Katzen mit hohem Weißanteil im Fell blaue Augen haben.

Leider sind Katzen mit weißem Fell und blauen Augen meist taub, denn das Gen, das zum Pigmentmangel führt, lässt auch

die Flüssigkeit in der Schnecke des Ohrlabyrinths austrocknen. Auch die Türkisch Angora hatte ursprünglich meist ein weißes Fell und oft verschiedenfarbige Augen – ein blaues und ein orangefarbenes. Die Tiere waren häufig auf einem oder beiden Ohren taub.

Weiße Katzen mit unterschiedlichen Augenfarben sind oft auf einem oder beiden Ohren taub.

Nur die Augenfarbe blau steht in direkter Beziehung zur Fellfarbe. Sie wird durch eine Form von Albinismus verursacht, die einen Pigmentmangel in Fell und Iris verursacht.

Die Schnurrhaare

Über den ganzen Katzenkörper sind empfindliche Sinneszellen verteilt, die nicht nur auf direkte Berührung, etwa eine streichelnde Hand oder die leckende Zunge der Mutter, reagieren, sondern sogar auf feine Veränderungen des Luftdrucks.

Die augenfälligsten »Sensoren« sind die Schnurrhaare sowie die etwas dickeren Tasthaare (Vibrissae) über den Augen und am Rücken der Vorderpfoten. Da sie empfindlich auf Berührung reagieren, kann eine Katze abschätzen, ob ein Spalt zum Durchkriechen breit genug ist. Eine Katze, deren Schnurrhaare beschädigt sind, kann bei Tageslicht jagen, doch im Dämmerlicht ist ihr Jagderfolg deutlich geringer.

Diese Katze hat besonders schöne Schnurrhaare und deutlich erkennbare Sinneshaare über den Augen.

Die über den ganzen Körper verteilten Sinnesnerven der Jungen reagieren auf die reinigende Zunge der Mutter.

Als Jäger haben Katzen ein besseres Gehör als Menschen. Sie können hohe Frequenzen bis 65 kHz wahrnehmen, während Menschen schon bei 20 kHz (entspricht den höchsten Tönen einer Violine) mit ihrer Fähigkeit am Ende sind. Tiefe Töne hören Katzen bis zu 2 kHz. Im tiefen Bereich sind sie dem Menschen zwar nicht überlegen, doch ihr Hörsinn ist dennoch insgesamt schärfer als der des Menschen. Das liegt nicht zuletzt an der Form ihrer Außenohren, die Schallwellen besser bündeln können als menschliche Ohrmuscheln. Außerdem können Katzen die Ohren bewegen und zur Schallquelle hin ausrichten.

Katzen hören sehr viel besser als Menschen.

Nahezu alle Wildtiere haben aufgestellte Ohren – der Elefant ist eine seltene Ausnahme –, gesenkte oder anliegende Ohren sind meist ein Zeichen der Domestikation. Wildkatzen wären sehr behindert, wenn ihr Gehör eingeschränkt wäre. In der Wildnis vorkommende Mutationen mit hängenden Ohren würden rasch der natürlichen Auslese zum Opfer fallen. Unter den Züchtungen allerdings gibt es seit mindestens 200 Jahren Arten mit »hängenden« oder Faltohren. Die erste (nichtverbürgte) Erwähnung fand sich in einer britischen Zeitschrift von 1796, die von chinesischen Katzen mit Faltohren berichtete. 1938 fanden Zoologen ein weiteres Beispiel dieser seltenen Mutation, von der man bisher geglaubt hatte, sie käme nur bei weißen Langhaarkatzen vor. 1961 kam auf einer Farm in Perthshire in Schottland ein weißes Kätzchen mit flach am Kopf anliegenden Ohren zur Welt, das Susie genannt wurde. Diese einmalige Ohrform geht auf ein dominantes Gen zurück, das unterschiedliche Grade von »Faltung« erzeugt. Susie hatte nach vorn gebogene Ohren, was man heute »einfache Faltung« nennt.

Kontrollierte Züchtung führte zur Entwicklung der Scottish Fold, einer Kurzhaarkatze mit nach vorn gefalteten Ohren. Heutige für Aus-

Die Ohren der Scottish Fold liegen flach am Kopf an.

stellungen gezüchtete Katzen haben eine dreifache Faltung, die Ohren sind so stark nach vorn gerichtet, dass sie glatt am Kopf anliegen, als trügen die Tiere eine Kappe. Susie verfügte noch über ein Langhaar-Gen, das auch kurzhaarige Nachkommen tragen können; daher kommen heute sowohl lang- als auch kurzhaarige Scottish Folds vor, auch wenn langhaarige selten sind. Beide Arten werden in Amerika anerkannt. In Großbritannien erkennt man die langhaarigen nicht an, denn eine durch Erbgleichheit (Homozygotie) hervorgerufene Gelenkverdickung zeigt sich bei den Jungen, sobald sie etwa vier Monate alt sind. Eine zweite Züchtung mit einer auffälligen Mutation ist die American Curl, deren Ohren zur Kopfmitte hin nach hinten gedreht sind.

Durch eine genetische Veränderung sind die Ohren der American Curl zur Kopfmitte hin verdreht.

Kapitel 4
Katzenarten

Die durchschnittliche Hauskatze hat eine Schulterhöhe von rund 30 cm und wiegt etwa 5 kg. Der sanfte Riese der Katzenwelt, die Main Coon, bringt bis zu 9 kg auf die Waage. Man unterscheidet drei Körperformen:

Gedrungen: Kompakt gebaute Katze mit rundem Kopf und kurzen Beinen

Halbschlank: Mittelkräftiger Bau, mittellange Beine, keilförmig gerundeter Kopf

Schlank: Feingliedrig gebaut, lange dünne Beine, keilförmiger schmaler Kopf

Die durchschnittliche Katze hat eine Schulterhöhe von etwa 30 cm, kann sich aber sehr viel höher aufrecken.

Katzenrassen werden meist nicht nach Fellfarbe und -muster definiert, denn diese Merkmale teilen viele Rassen, vielmehr gelten die Körper- und Kopfform, gelegentlich auch spezifische Eigenarten, wie die Ohren der Scottish Fold oder der fehlende Schwanz der Manx, als Unterscheidungskriterien. Die Unterschiede vom gedrungenen zum feingliedrigen Bau folgen einer geografischen Linie von West nach Ost. Katzen mit kompaktem Körperbau, breiter Brust, kräftigen Beinen, runden Pfoten und dicken Schwänzen entwickelten sich durch natürliche Auslese in kälteren Klimazonen. Sie sind so gebaut, dass sie möglichst viel Körperwärme speichern. Moderne Kurzhaarvertreter sind die Britisch und die Amerikanisch Kurzhaar, Manx und Kartäuser. Diejenigen Langhaarkatzen, die in Großbritannien

Manx

Burma

Norwegische Waldkatze

Perser

Longhair, in den USA und Deutschland Perser genannt werden, sind ebenfalls gedrungen und muskulös, denn ihre Vorfahren mussten die kalten Winter in den Bergregionen der Türkei, des Iran und des Kaukasus durchstehen können. Rassen wie die Norwegische und die Sibirische Waldkatze und die Maine Coon entwickelten sich in kalten Klimazonen aus Farmkatzen, die dort meist im Freien lebten.

Demgegenüber entwickelten sich die schlanken orientalischen Formen in warmen Klimazonen, wo es nötig war, überschüssige Körperwärme abzugeben. Zu diesen Formen, die sich durch große Ohren, lange Beine, schlanke Körper und dünne Schwänze auszeichnen, gehören Siam, Burma und Tonkanese.

Die halbschlanken, im englischen Sprachraum »semi-foreign« genannten Katzen nehmen eine Mittelstellung zwischen den beiden beschriebenen Formen ein. Sie sind schlank und muskulös, haben schräge Augen, einen rundlich keilförmigen Kopf, ovale Pfoten sowie einen langen, spitz zulaufenden Schwanz. Typische Vertreter sind Türkisch Angora, Russisch Blau und Abessinier.

Amerikanisch Kurzhaar

Orientalisch Kurzhaar

Abessinier

Felltypen und Haarlängen

Britisch Kurzhaar

Bei Hauskatzen unterscheidet man lediglich zwei Typen: Lang- und Kurzhaarkatzen. In der Wildnis entwickelt sich das Fell je nach den Umweltbedingungen. Wahrscheinlich hatten Wildkatzen ursprünglich kurzhaarige Felle, die leichter zu pflegen sind. Tiere, die in kälteren Klimazonen heimisch waren, werden zum Schutz vor der Kälte aber auch langhaarige Felle gehabt haben. Moderne Zuchtkatzen werden nach den besonderen Merkmalen ihres Aussehens, wie der Haarlänge und der Fellfarbe, gezüchtet, doch ließe man solche Zuchtkatzen sich frei vermehren, würden sie bald wieder Nachkommen haben, die wie Wildkatzen aussehen.

Im Fell einer Katze finden sich drei verschiedene Haararten: Das weiche, wellige Daunenhaar bildet das Unterkleid, eine mittlere Lage besteht aus dem ebenfalls sehr feinen Grannenhaar. Die längsten und dicksten Haare werden Leithaare genannt.

Blau-und-Creme-Perser

Nicht alle Katzen verfügen über diese drei Haararten. Die Azteken besaßen »haarlose« Katzen, und in den 1880er-Jahren war eine Mexican Hairless genannte Rasse beliebt. Die moderne Zuchtrasse Sphynx ist nicht völlig haarlos, sie trägt einen Flaum aus Daunenhaar.

Bei der Devon Rex sind alle drei Haararten vorhanden, doch sie sind alle stark gewellt, sodass ein gelocktes Haarkleid entsteht. Bei anderen Rexkatzen, wie der

Sphynx

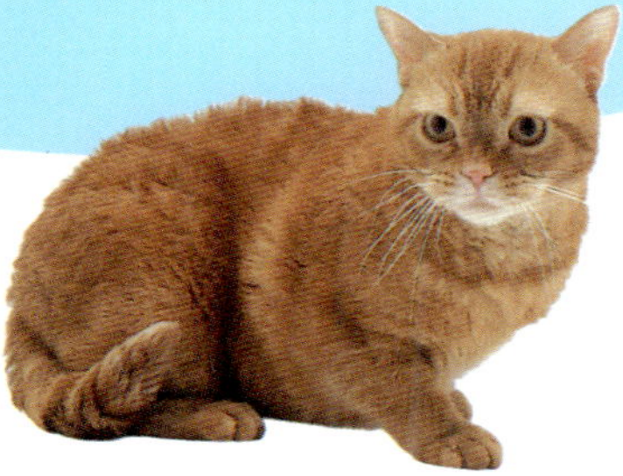

American Wirehair

Devon Rex

Cornish Rex und der American Wirehair, fehlen die Leithaare, das Fell ist deshalb weich und gelockt. Die Angora, eine der ältesten Katzenrassen der Türkei, hat keine Unterwolle, weshalb ihr Fell besonders fein und seidig ist. Perser haben die kürzesten Daunen- und die längsten Leithaare (bis zu 12,5 cm).

Perser

Angora

Fellzeichnungen und -muster

Trotz der vielen verschiedenen Farbschläge und Muster, die man heute bei den Fellen der Rassekatzen unterscheidet, sind alle Katzen grundsätzlich Tabbys, haben also ein gemustertes Fell. Da der gemeinsame Vorfahr aller domestizierten Katzen die Wildkatze ist, erben alle Katzen eine Art des Tabbygens. Wie der Jagdinstinkt, so ist auch dieses Gen ein Erbe, das an die Herkunft der Katze erinnert, und daran, dass sie jederzeit wieder verwildern kann!

Das ursprüngliche Katzenfell bestand aus so genanntem Agoutihaar, einem farbig gebänderten Haar, das an der Wurzel hell, zur Spitze hin dunkler ist. Die Bezeichnung leitet sich von dem lateinischen Namen des Goldhasen (*Dasyprocta agouti*) ab, einem in Zentral- und Südamerika heimischen, mit den Meerschweinchen verwandten Nagetier. Wie das Haar einiger anderer Tiere, zum Beispiel das der Mäuse und Eichhörnchen, weist das Einzelhaar des Goldhasen eine ungleichmäßig gebänderte Musterung auf.

Man unterscheidet vier verschiedene Tabbymuster: getigert (mackerel), gebändert oder Abessinier (ticked), gefleckt oder gestromt (classic) und getupft (spotted).

Tabby – Exotisch Kurzhaar

Tabby – Amerikanisch Kurzhaar

Getupftes Tabbymuster – Britisch Kurzhaar

Getigertes Tabbymuster – Norwegische Waldkatze

Obwohl diese vier Musterungen ganz verschieden aussehen, sind sie doch nur Variationen ein und desselben dominanten Tabbygens, des Agouti-Allels.

Getigerte Tabbys haben schmale, parallel angeordnete Streifen, die von der Wirbelsäule über die Flanken zum Bauch verlaufen. Gefleckte Tabbys haben breite Streifen, die an den Flanken spiralförmig in einem Auster genannten Fleck zusammenlaufen. Gebänderte Tabbys (Abessinier) haben eine subtilere Musterung, deren deutlichste Zei-

Gebändertes Tabbymuster – Pixiebob

Gestromtes Tabbymuster – Maine Coon

Ägyptisch Mau

chen sich nur an Kopf, Beinen und Schwanz zeigen, der Körper erscheint lediglich leicht meliert. Da das Gen für diese Musterung zuerst bei Abessiniern gefunden wurde, benennt man die Musterung nach ihnen. Getupfte Tabbys haben, wie ihr Name besagt, einen getupften Körper, ein Muster, das dadurch entsteht, dass die Streifen unterbrochen sind. Zumindest folgen die Tupfen vieler amerikanischer und europäischer Rassen diesem Schema, bei Rassen wie der Mau sind die Tupfen unregelmäßiger verteilt, und bei der Ocicat folgen sie den Spirallinien der gefleckten Musterung. Obwohl alle Katzen das Agouti-Allel erben, ist es doch gelungen, eine ganze Palette von Mustern herauszuzüchten, darunter Einfarbigkeit (self, solid colours), Schattierungen und Abzeichen. In der Wildnis würden solche Fellmusterungen die Überlebenschancen mindern, denn die Tiere besäßen keinerlei Tarnung. Domestizierte Hauskatzen, die nicht mehr jagen müssen, können sich solche oft mit Preisen ausgezeichnete Mutationen leisten, weil sie von Menschen versorgt werden. Genetiker bezeichnen das dominante Agouti-Allel als *A*. Jede Katze, die von wenigstens einem Elternteil ein *A* erbt, hat ein gemustertes Fell und wird als *A*- beschrieben.

Ocicat

Fellfarben

Einfarbig – Britisch Kurzhaar

Katzen mit einfarbigem Fell kommen vor, weil es ein zum Agouti-Allel alternatives, rezessives Gen, das Non-Agouti-Gen *a* gibt. Katzen, die dieses Gen von beiden Elternteilen erben, werden als *aa* eingestuft und haben ein einfarbiges Fell, obwohl auch sie, wenn man ganz genau hinschaut, eine gut verborgene Tabbymusterung aufweisen. Man spricht von einer Geisterzeichnung (ghosting), und am besten erkennt man sie bei Jungtieren.

Die erste Mutation zu einer Non-Agouti-Farbe brachte wahrscheinlich ein schwarzes Fell hervor, eine Farbe, die auch bei wilden Großkatzen, wie Leoparden und Panthern, vorkommt. Andere Mutationen ergaben Rot und Weiß, sowie Verdünnungen von monochromen Farben. Diese wenigen genetischen Varietäten bilden die Basis für die vielen verschiedenen Farbschläge, die es bei den heutigen Züchtungen gibt.

Alle farbigen Haare enthalten Melanin, ein Pigment, das bei Menschen und manchen Tieren in der Haut und in den Haaren vorkommt. Melanin enthält zwei Bestandteile: Eumelanin, das schwarze und braune Pigmente erzeugt, und Phaeomelanin, das rote und gelbe Pigmente verursacht. Die Farbe des Katzenhaares hängt davon ab, ob diese Pigmente im Haar vorhanden sind, und welche vorherrschen. Die Hautzellen, in denen die Pigmente hergestellt werden,

Rote Katze

nennt man Melanozyten. Wie diese Zellen auf dem Katzenkörper verteilt sind, ist genetisch festgelegt. In der Entwicklungsgeschichte der Katze kamen bestimmte Muster häufiger vor und überdauerten besser als andere; dieser »Gründungseffekt« macht sich in der Genstruktur der Katzen noch heute bemerkbar.

Schwarzer Perser

Die Snowshoe ist eine Kreuzung aus Siam und Amerikanisch Kurzhaar.

Genetik der Katzen

Die Gene der Katze sind die Basis ihrer Erbmerkmale. Jede Zelle hat (in einem gewissen Stadium) einen Kern. Jeder Kern enthält 38 in 19 Paaren angeordnete Chromosomensätze. Jedes Chromosom besteht aus einer Doppelspirale (Doppelhelix) aus Desoxyribonukleinsäure, kurz DNA, die ihrerseits wiederum aus tausenden von Genen zusammengesetzt ist. Jedes Gen besteht aus vier Proteinen, die A, T, C und G genannt werden. Werden diese Gene kombiniert, sind alle Informationen vorhanden, die für die »Schaffung« einer Katze notwendig sind.

Wird eine abgestorbene Zelle erneuert, werden die Chromosomen kopiert. Dafür wird RNA (Ribonukleinsäure) gebildet, die beiden Strängen der Doppelhelix entspricht. Nach dieser Matrize kann dann neue DNA hergestellt werden. Meist funktioniert dieser Kopiervorgang problemlos, wie ein Fotokopierer Blatt um Blatt ausspuckt. Doch so, wie es beim Fotokopierer einen Papierstau oder andere Probleme geben kann, geschehen auch bei der Zellkopierung gelegentlich Fehler; man spricht dann von einer Mutation. Bei der Vererbung kommt es jedoch nur bei einem von einer Million Kopiervorgängen zu einem weitergereichten »Fehler«.

Die Katze erbt ihre Merkmale je zur Hälfte von beiden Elternteilen.

Ei- und Samenzellen enthalten nur jeweils 19 Chromosomen. Bei der Paarung entsteht aus deren Kombination ein neuer Chromosomensatz. Ein Katzenjunges erbt also von jedem Elternteil je die Hälfte seiner Merkmale.

Informationen über bestimmte Merkmale, wie etwa die Fellfarbe, sitzen immer an derselben Stelle eines Chromosoms. Diesen gemeinsamen Ort eines Chromosomenpaars nennt man Allel. Enthalten zwei Chro-

Tonkanese

mosomen identische Informationen im Allel, sind sie reinerbig (homozygot), enthalten sie unterschiedliche Informationen, sind sie ungleicherbig (heterozygot).

Genetische Veränderungen bestimmter Merkmale, beispielsweise der Haarlänge, werden als dominant bezeichnet, wenn nur eine Hälfte eines Allels benötigt wird, um dieses Merkmal zu erzeugen. Werden beide Hälften des Chromosomenpaars benötigt, nennt man das Merkmal rezessiv. Ursprüngliche Züge, wie das Agoutihaar (das zuständige Gen wird *A* genannt) und Kurzhaarigkeit (das zuständige Gen wird *L* genannt), sind dominant. Durch Mutation bildeten sich rezessive Gene, wie das Non-Agouti-Gen *a*, das einfarbige Felle bewirkt, und das rezessive Gen *l*, das Langhaarigkeit entstehen lässt.

Nun kann eine Katze mit dominanten Merkmalen, wie Tabbyzeichnung oder Kurzhaar, trotzdem versteckt in ihren Genen rezessive Züge tragen, etwa Gene für Einfarbigkeit oder langes Haar. Eine Katze mit einem rezessiven Merkmal muss reinerbig, ohne »alternative« Gene sein. Aber zwei ungleicherbige Kurzhaarkatzen, die über beide *Ll*-Allele verfügen (das dominante *L* für Kurzhaarigkeit und das rezessive *l* für Langhaarigkeit), bekommen im Schnitt zwei *Ll*-Junge (ein dominantes und ein rezessives Gen, Ergebnis: Kurzhaar), ein *LL*-Junges (zwei dominante Gene, Ergebnis: Kurzhaar) und ein *ll*-Junges (zwei rezessive Gene, Ergebnis: Langhaar). Da drei der Jungen kurze Haare haben, kann man nicht wissen, welches der drei das rezessive Gen *l* in sich trägt, das die Hervorbringung langhaariger Nachkommen in der nächsten Generation ermöglicht.

Neben dem dominanten Agouti-Gen *A* für das Tabbyfell und dem dominanten Gen *L* für kurzes Haar gibt es weitere dominante Gene: *B* für schwarzes Fell, *C* für Einfarbigkeit, *D* für dichte dunkle Farbe, *I* für feine Farbschattierungen, *S* für Zweifarbigkeit, *T* für die getigerte, T^a für die Abessiniermusterung, *W* für ganzflächiges Weiß und *O* für Orange oder das geschlechtsgebundene Rot.

Katzen mit dunkel einfarbigem Fell in Schwarz, Chocolate, Cinnamon oder geschlechtsgebundenem Rot müssen mindestens eine Kopie des dominanten Dichte-Gens *D* in sich tragen, damit jedes Haar dicht mit Pigmenten bepackt ist. Katzen mit »verdünnten« Fellfarben wie Blau, Lila, Beige oder geschlechtsgebundenem Creme, deren Haare schwächer pigmentiert sind, tragen zwei Kopien des rezessiven Verdünnungs-Gens *d* in sich. Man vermutet, dass es noch ein weiteres D^m genanntes Verdünnungs-Gen gibt, das dominanter als *d* ist und mit ihm interagieren kann. Trägt eine Katze sowohl das *dd*- Verdünnungs-Gen als auch D^m, ergibt sich eine weitere Modifikation: Blau.

Perser

Blaue Britisch Kurzhaar

Calico Perser

Rote Abessinier

Weiße Orientalisch Kurzhaar

Geschlechtsgebundenes Rot

Das Gen für den Farbschlag Rot oder Orange befindet sich bei Katzen auf dem geschlechtsbestimmenden X-Chromosom. In seiner dominanten Form *(O)* erzeugt es ein rotes Fell, in der rezessiven Form *(o)* lässt es jede beliebige Fellfarbe zu. Ein Kater mit einer Kombination aus weiblichem X und männlichem Y Chromosom kann nur eine Kopie des Gens in sich tragen. Trägt er ein dominantes *O* des geschlechtsgebundenen Rot, so hat er ein ingwerfarbenes, rötliches Fell. Trägt er ein rezessives *o*, kann er jede andere Farbe haben. Eine Katze, die zwei X-Chromosomen hat, kann das dominante *O* zweifach tragen und hat dann ein rotes Fell. Trägt sie aber zwei rezessive Gene, kann sie jede andere Fellfarbe haben. Anders als ein Kater kann sie die Kombination von dominantem und rezessivem Gen *(Oo)* tragen, ihr Fell zeigt dann jenes Mosaik aus Rot und Schwarz, das man Schildpatt (Tortie) nennt. Da eine Interaktion mit allen anderen farbbestimmenden Genen möglich ist, gibt es Schildpattmuster in allen dichten und verdünnten Farbstufen.

Das Gen für Weiß *(W)* dominiert über alle anderen Farbgene. Das kann ein vollkommen weißes Fell bedeuten, oder, in Kombination mit Gen *S*, ein weiß geflecktes. Zwei- oder dreifarbige Katzen haben weißes Fell mit andersfarbigen Flecken. Es gibt zwei Arten von Zweifarbigkeit: Bei der Standardzweifarbigkeit (Bi-Colour) ist ein Drittel bis die Hälfte des Fells der Beine und der Unterseite der Katze weiß. Der zweite Typ wird mit der Türkisch Van in Verbindung gebracht, zeigt sich heute aber auch bei anderen Katzen. Diese Van-Fellzeichnung besteht überwiegend aus Weiß mit einfarbigen oder Schildpattflecken nur auf Kopf und Schwanz.

Westliche Rassen, wie Britisch, Amerikanisch und Europäisch Kurzhaar, Main Coon und Norwegische Waldkatze, hatten ursprünglich nur traditionelle Farben: Schwarz und seine Verdünnung Blau; Rot und seine Verdünnung Creme; die zweifarbigen Varietäten beider Farben sowie einfarbiges Weiß. Die ursprünglichen Farben der östlichen Rassen waren Chocolate (Schokobraun)

Türkisch Van

Britisch Kurzhaar,
Creme-und-Weiß Bi-Colour

und seine Verdünnung Lilac (Lila) sowie Cinnamon (Zimt) und seine Verdünnung Beige. Durch moderne Züchtungsverfahren wurden die Farbschläge von West nach Ost und umgekehrt auf die jeweils anderen Rassen übertragen. So kann jetzt eine Britisch Kurzhaar »östliche« Farben aufweisen, und östliche Katzen wie die Burma können »westliche« Farben, wie Rot oder Creme, haben.

Obwohl Einfarbigkeit nur durch wenige Gene bestimmt wird, verwirren Züchter und Verbände die Angelegenheit, indem sie dieselben genetisch bedingten Farben unterschiedlich bezeichnen. Manche US-Verbände bezeichnen Lilac als Lavender (Lavendel), das Schwarz der Orientalisch Kurzhaar als Ebony (Ebenholz) und die genetisch schokobraune Orientalisch Kurzhaar wird in Großbritannien Havana, in den USA Chestnut genannt. Genetisch weiße Türkisch Vans mit rotbrauner Markierung werden als Auburn and White bezeichnet, solche mit Farbschlag Schildpatt-und-Weiß bezeichnet die CFA als Calico, da ihr Fell farblich ungebleichtem Baumwollstoff (Kaliko) ähnelt.

Cremefarbene Burma – eine orientalische Katze mit »westlicher« Farbe

Kapitel 5
Rassekatzen-Verzeichnis

Langhaarrassen

Ein Löwe kann eine lange Mähne haben, aber seine Fellhaare sind kurz.

In der Wildnis gibt es keine Langhaarkatzen, obgleich einige Großkatzen, wie etwa die Löwen, langhaarige Mähnen aufweisen. Selbst der Amur-Tiger und der Schneeleopard, die extrem harte Winter durchstehen müssen, haben nur etwa 12 cm lange Fellhaare, was im Vergleich zur Haarlänge langhaariger Katzen sehr kurz ist. Für eine Wildkatze wäre langes Fell unpraktisch: Es würde verfilzen, Dornen könnten sich darin verhaken, es ließe sich schlechter säubern und wäre ein Tummelplatz für Parasiten.

Das langhaarige Fell der Maine Coon ist wasserabweisend; eine durch Anpassung an Umweltbedingungen entwickelte Eigenschaft.

Langhaarkatzen sind Ergebnis der Domestikation und wurden erst im 17. Jh. nach Europa eingeführt.

Erst lange, nachdem Katzen domestiziert wurden, findet man Langhaarkatzen erwähnt, und zwar in einem europäischen Bericht aus dem 17. Jahrhundert, in dem es heißt, Pietro de Valle habe 1620 eine langhaarige Katze aus Persien nach Italien eingeführt. Ende des 17. Jahrhunderts brachte der französische Reisende Nicholas Fabri de Peiresc eine Langhaarkatze aus der Türkei nach Frankreich. Die ersten genau beschriebenen Langhaarkatzen Europas wurden nach der türkischen Stadt Ankara Angorakatzen genannt, denn dort schien man solche Katzen schon lange zu kennen.

Als im 19. Jahrhundert die ersten Katzenausstellungen stattfanden, waren sowohl Perser, die ursprünglich aus Persien (heute Iran) stammten, als auch Angorakatzen in ganz Europa bekannt und als Statussymbole beliebte Haustiere. Letztlich setzte sich die Perser- gegenüber der Angorakatze durch, die bald kaum noch bei Ausstellungen zu sehen war. In jüngster Zeit hat sich die Türkisch Angora als neue Züchtung aus importierten Exemplaren eines Zuchtprogramms des Zoos von Ankara, das die Rasse vor dem Aussterben rettete, in den USA durchgesetzt.

Türkisch Angora

Für die meisten Menschen ist »Perserkatze« ein Synonym für Langhaarkatze. Die britische CFA jedoch verwendet die Bezeichnung »Long-haired« offiziell für einfarbige Katzen und klassifiziert andere Farben als separate Züchtungen. In den USA werden diese Katzen noch immer Perser genannt und die verschiedenen Farben gelten als Varietäten.

Nach der 1871 von ihm im Crystal Palace in London organisierten Ausstellung legte Harrison Weir die Standards für Perser und Angoras schriftlich fest. Diesen Richtlinien zufolge war ein gedrungener Körperbau grundlegendes Merkmal der Langhaarkatze, doch ihre Gesichter sind heute kürzer und das Fell deutlich länger.

Es gibt aber auch Langhaarkatzen, die keine Perser sind. Sie stammen aus Klimazonen, in denen ein langes, dickes Fell von Nutzen ist. Die Norwegische Waldkatze und die Main Coone unterscheiden sich vom Körperbau her von der Perserkatze, denn sie haben schlankere Beine, schmalere Gesichter und längere Nasen. Trotz ihrer langen Haare erfordern sie auch weniger Pflege als ihre »exotischen« Verwandten, deren Felle sehr stark haaren!

Norwegische Waldkatze

Angora / Orientalisch Langhaar

Entstehungszeit: 1970er-Jahre
Herkunft: Großbritannien
Ahnen: Siam-Abessinier-Kreuzungen
Andere Namen: Javanese (Europa), Mandarin und früher in den USA Oriental Longhair
Farbschläge:
- **Einfarbig:** Schwarz, Chocolate, Cinnamon, Rot, Blau, Lilac, Fawn, Creme, Caramel, Apricot und Weiß (Augen: Blau, Grün und zweifarbig)
- **Schildpattfarben:** Tortoiseshell, Chocolate-Tortie, Cinnamon, Blue, Lilac, Fawn und Caramel-Tortie
- **Smoke, Shaded, Silbershaded und Tipped:** Wie einfarbig und Schildpatt außer Weiß
- **Tabby (alle Muster):** Braun, Chocolate, Cinnamon, Rot, Blau, Lilac, Fawn, Creme Caramel-Tortie, Chocolate-Tortie, Cinnamon-Tortie, Blue-Tortie, Lilac-Tortie, Fawn-Tortie und Caramel-Tortie
- **Silbertabby (alle Muster):** Wie Standard-Tabby

Felllänge: Mittellang
Felltyp: Sehr fein, Tendenz zur Lockenbildung, keine Unterwolle
Gewicht: 2,5–5,5 kg

Schwarze Angora

Bei dieser Züchtung herrscht wegen ihrer verschiedenen Namen ziemliche Verwirrung: In Kontinentaleuropa kennt man sie als Javanese, eine Bezeichnung, die nordamerikanische Verbände für bestimmte Farben der Balinese verwenden. In Nordamerika wurde die Britisch Angora einst Orientalisch Langhaar genannt, weil man meinte, sie stamme von der Orientalisch Kurzhaar ab. Tatsächlich gibt es eine Orientalisch Langhaar genannte Rasse, die eine Kreuzung aus Orientalisch Kurzhaar und Balinese ist.

Es gilt zu beachten, dass die Angora weder mit dieser Orientalisch Langhaar noch mit der Türkisch Angora verwandt ist, die durch ein Zuchtprogramm des Zoos von Ankara vor dem Aussterben bewahrt wurde und heute unter Schutz steht. Die Angora sollte am besten Britisch Angora heißen, denn sie entstand Mitte der 1960er-Jahre in Großbritannien, als Maureen Silson eine Sorrel-Abessinier mit einer Seal-Point-Siam verpaarte, um eine Siam mit gebänderten Abzeichen zu erhalten. Die Nachkommen

Schwarze Silvershaded Angora

erbten sowohl das Gen für die Farbe Zimt – was zur Cinnamon Oriental Shorthair führte – als auch das Langhaar-Gen, was zur Erzeugung der ersten Angora führte. Sie erhielt den Namen Cuckoo.

Die elegante, schlanke und geschmeidige Angora erlangte nie die Beliebtheit der gedrungeneren Perserkatze. Was ihr Temperament betrifft, so ist sie lebhaft und neugierig und insofern den anderen orientalischen Rassen ähnlich, doch liebt sie es auch, an einem gemütlichen, warmen Platz ausgiebig zu schlafen.

Angoras haben ein sehr feines, seidiges, eng am Körper anliegendes Fell. Da sie keine Unterwolle haben, brauchen sie weniger Pflege als die Perser. Das Fell der Angoras entwickelt sich langsam, die Jungen haben oft sehr lange ein kurzes Fell. Die Körper ruhen auf langen, schlanken, sehr muskulösen Beinen – die Vorderbeine sind kürzer als die Hinterbeine –, die in kleinen, oval geformten Pfoten enden. Der lange, spitz auslaufende Schwanz trägt einen flauschigen Federbusch. Die aufgestellten, spitzen Ohren sind groß und sitzen oben auf dem verhältnismäßig kleinen keilförmigen Kopf. Die mandelförmigen Augen sind bei allen Angoras grün, lediglich die weißen Katzen haben blaue oder verschiedenfarbige Augen.

Schwarze Angora

Türkisch Angora

Man vermutet, dass die Türkisch Angora auf die Manul oder Pallaskatze *(Felis manul)* zurückgeht, die in den Steppen und waldigen Bergregionen Zentralasiens anzutreffen ist. Diese kräftige, orange-graue Wildkatze mit schwarzen und weißen Kopfmarkierungen soll der Legende zufolge von Tartaren domestiziert und in die Türkei gebracht worden sein. Wahrscheinlicher ist allerdings, dass sie eine entfernte Verwandte der Perserkatze ist, die sich über Jahrhunderte hinweg in der Türkei unabhängig von dieser entwickelte und nach der türkischen Hauptstadt Ankara als Angora bezeichnet wurde. Es scheint, dass sich das Gen für Langhaarigkeit in einer Katzen-

Entstehungszeit: 15. Jahrhundert
Herkunft: Türkei
Ahnen: Unbekannt, vielleicht Hauskatzen
Andere Namen: Keine
Farbschläge:
- **Einfarbig und Schildpatt:** Weiß, Schwarz, Rot, Blau, Creme, Tortie und Blue-Cream
- **Smoke und Shaded:** Wie einfarbig und Schildpatt außer Weiß
- **Tabby (gestromt und getigert):** Braun, Rot, Blau und Creme
- **Silbertabby (gestromt und getigert):** Silber
- **Bi-Colour:** Alle einfarbigen und Tortie-Farben, mit Weiß

Felllänge: Mittellang
Felltyp: Fein, seidig, minimale Unterwolle
Gewicht: 2,5–5 kg

Weiße Türkisch Angora

gruppe mit schlankem Körperbau verbreitete, und da für diese Tiere wenig Möglichkeit bestand, sich mit Tieren außerhalb dieser Gruppierung zu verpaaren, konnte sich das Charakteristikum Langhaarigkeit erhalten.

Die im 16. Jahrhundert als Diplomatengeschenke des Sultans nach Europa gelangten Türkisch Angoras waren die ersten Langhaarkatzen, die man hier zu sehen bekam. Zunächst waren sie sehr beliebt, später aber zog man Perser und andere Langhaarrassen vor. Während sie in ihrer Heimat weiterhin gut gedieh, starb die Türkisch Angora außerhalb der Türkei bis zum Ende des Ersten Weltkriegs nahezu aus. In den 1950er- und 1960er-Jahren jedoch wurden einige Exemplare aus dem Zoo von Ankara in die USA gebracht, wo ein Zuchtprogramm startete. Andere Türkisch Angoras gelangten nach Schweden und Großbritannien. Diese Katzen bildeten den Grundstock für die Züchtungen Nordamerikas, Kontinentaleuropas und Großbritanniens.

Die Türkisch Angora ist der Angora (siehe Seite 60) im äußeren Erscheinungsbild recht ähnlich, denn beide haben einen eleganten, schlanken Körper, lange, dünne Beine, kleine Pfoten mit Haarbüscheln auf den Zehen und kleine, leicht keilförmige Köpfe. Die Ohren sind groß, hoch angesetzt und spitz, und wie die Angora hat auch die Türkisch Angora einen langen, sehr flauschigen, elegant getragenen Schwanz.

Das mittellange Fell ist sehr fein und seidig und schimmert, wenn die Katze sich bewegt. In den Sommermonaten verliert die Türkisch Angora viel Fell, sodass sie fast wie eine Kurzhaarkatze wirkt – wäre da nicht der weiterhin üppig behaarte Schwanz.

In der Türkei sieht man Angoras in vielen Farbschlägen, die dort beschreibende Namen, wie Sarman (roter Tabby) oder Teku (Silbertabby), haben. Eine Vielzahl von Farbschlägen und Mustern werden heute anerkannt, darunter Schildpatt, einfarbig Schwarz – das ein tiefes Kohlschwarz von der Wurzel bis zur Haarspitze sein muss – und Smoke.

Bei der Smokefärbung erscheinen die Katzen in Ruhestellung einfarbig, erst wenn sie sich bewegen, zeigen sich die satten Farben der Unterwolle. Die Grazie der Tiere verstärkt die Färbung des Winterfells, sodass es wirklich wie wirbelnder Rauch aussieht.

Die beliebtesten Vertreter der Türkisch Angora sind allerdings die rein weißen Exemplare mit blauen Augen, die allerdings leider meist auch auf einem oder beiden Ohren taub sind, wie die meisten anderen Katzen mit weißem Fell. Vielen Liebhabern ist jedoch lediglich die Ankara kedi, wie sie in der Türkei heißt, die Weiße mit den zweifarbigen Augen – einem orangefarbenen und einem blauen – die wahre und reine Vertreterin der Rasse.

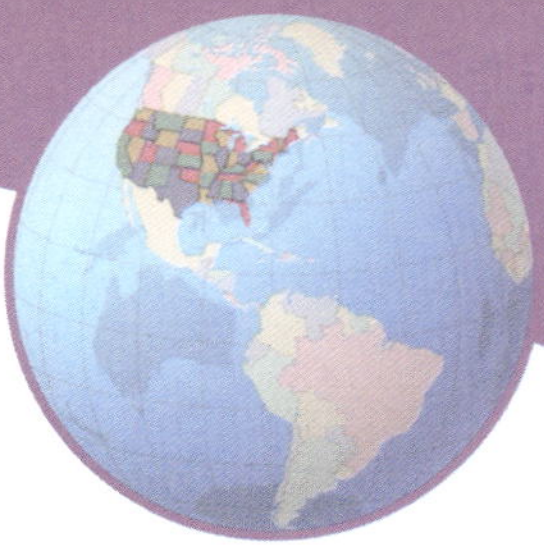

Balinese

Entstehungszeit: 1950er-Jahre
Herkunft: USA
Ahnen: Langhaarige Siam
Andere Namen: Manchmal Javanese (in den USA)
Farbschläge:
Von der CFA anerkannt: Lilac-Point, Blue-Point, Chocolate-Point und Seal-Point
Andere Varietäten: Von der CFA Javanese Point genannt – Seal-Point, Seal-Tortie Tabby-Point, Chocolate-Tortie-Point, Red-Tabby-Point, Blue-Tabby-Point, Seal-Tabby-Point und Chocolate-Tabby-Point
Felllänge: Mittellang mit Tendenz zu Locken, doch meist kürzer als bei anderen Langhaarrassen
Felltyp: Fein und seidig, keine Unterwolle
Gewicht: 2,5–5 kg

Da in den Würfen bestimmter Siamzüchtungen immer wieder langhaarige Junge vorkamen, wurde 1928 in Großbritannien erstmals eine langhaarige Siam von der CFA registriert. Generell galten solche Nachkommen bei Züchtern jedoch als fehlerhaft, da das lange Fell die Tiere als Siamesen disqualifizierte. Die süßen Kätzchen wurden meist als Haustiere abgegeben. In den 1940er-Jahren brachte Marion Dorsey die ersten Balinesen hervor und Züchter in den USA setzten sich dafür ein, die Tiere als neue Rasse anzuerkennen. Da das Gen für lange Haare *(l)* als rezessives Gen vererbt wird (siehe Seite 49ff.), muss eine langhaarige Siam reinerbig (homozygot) sein, das heißt, sie muss zwei Langhaar-Gene in sich tragen, und jedes Junge, das aus der Verbindung zweier solcher Katzen hervorgeht, wird ebenfalls lange Haare haben.

1955 wurden »Langhaarsiamesen« ausgestellt, doch die Züchter nahmen an der Benennung Anstoß. Weil die grazile Eleganz und Geschmeidigkeit der Tiere an balinesische Tempeltänzerinnen erinnert, wurde die Züchtung in Balinesen umbenannt, obgleich die Tiere tatsächlich aus Nordamerika stammen.

Die Balikatze ähnelt der Siam in vielerlei Weise: Sie hat einen schlanken, feingliedrigen Körper mit langem, keilförmigem Kopf und tiefblaue, mandelförmige Augen. Von vorn betrachtet, ist der Kopf zwischen den

Ohren (die Haarbüschel tragen können) breit und verjüngt sich in gerader Linie zur Nase hin. Im Profil ist die Nase gerade und das Kinn kräftig. Die Balinese ist eine sehr elegant wirkende Katze. Das mittellange Fell weist nicht das wollige Unterfell anderer Langhaarkatzen auf, vielmehr liegt es flach am Körper an. Es lässt sich deshalb gut pflegen und verfilzt nicht so leicht.

Aus der Entfernung kann man eine Balinese leicht mit einer Siam verwechseln – bis man den Schwanz sieht, der lang ist und anmutig befedert. Wie bei der Siam ist kein Knick erlaubt, und auch das Schielen gilt als Fehler. Was die Färbung anlangt, so ist der

Cream-Point Balinese

Unterschied zwischen Fell und Abzeichen etwas geringer als bei den Siamesen. In den USA erkennt die CFA nur vier einfarbige Abzeichen an: Seal, Blue, Chocolate und Lilac-Point. In Großbritannien und Australien haben Züchter weitere von den Verbänden anerkannte Farbschläge hervorgebracht, darunter Red- und Cream-Point, sowie Tortie- und Tabby-Point-Balinesen, die

Seal-Tortie Balinese

unter dem Namen Javanese (siehe Kasten rechts) anerkannt werden. Wie bei allen Katzen mit Abzeichen, dunkelt auch das Fell der Balinesen im Alter nach, was die Schaukarriere der Katzen sehr kurz macht.

Wie zu erwarten, hat die Balinese als Haustier ähnliche Eigenheiten wie die Siam, beide sind unglaublich akrobatisch und können sich mit ihrem schlanken Körper in engste Räume (Schränke und Schubladen) zwängen. Sie klettern gerne an Vorhängen hoch, springen ihren Besitzern auf die Schulter und erforschen gern den Inhalt von Einkaufstaschen. Als anschmiegsame Tiere verlangen sie viel Aufmerksamkeit, bewahren sich aber dennoch einen vornehmen Hauch von Zurückhaltung. Lebhaft und neugierig wie sie sind, zeigen sich die Balinesen fast, aber nicht ganz so »geschwätzig« wie die Siamkatzen!

Hinweis:

In Nordamerika bezeichnet man die Varietäten der Balinesen, die nicht mit den vier traditionellen Abzeichenfarben der Siam übereinstimmen, als Javanese. In Neuseeland werden die einfarbigen und die getupften Varietäten der Balinesen Javanese genannt, während in Großbritannien Javanese eine eigene Rasse meint: die Angora. 1984 erhielt die Javanese den Championship-Status zuerkannt und wurde vor kurzem auch in den USA eingeführt.

Birman

Entstehungszeit: Unbekannt
Herkunft: Burma (heute Myanmar) oder Frankreich
Ahnen: Umstritten
Andere Namen: Heilige Birma
Farbschläge:
Einfarbig und Schildpatt-Abzeichen: Seal, Chocolate, Rot, Blau, Lilac, Creme, Seal Tortie, Blue-Tortie, Lilac-Tortie, Chocolate-Tortie
Tabby-Abzeichen: Wie einfarbig und Schildpatt-Abzeichen
Felllänge: Lang mit voller Halskrause, am Bauch leicht gelockt
Felltyp: Fein und seidig, verfilzt kaum
Gewicht: 4,5–8 kg

Als eine geheimnisvolle Katze ist die Birma auch als Heilige Birma bekannt, doch steht sie in keiner Verbindung zur Burma (siehe Seite 170). Mit ihrem hellen, langhaarigen Fell und den dunklen Abzeichen (Maske, Ohren, Schwanz und Beine), hat die Birma Ähnlichkeit mit der Colourpoint Langhaar (in den USA Himalayan genannt, siehe Seite 79) – mit einem hervorstechenden Unterschied: ihre weißen Pfoten, beziehungsweise Zehen. Diese verdankt die Katze möglicherweise einem rezessiven Gen, doch bietet eine Legende eine unterhaltsamere Erklärung dafür.

Seal-Tabby-Point Birma

Blue-Tabby-Point Birma

Der Legende nach bauten die südostasiatischen Khmer vor dem Auftreten Buddhas ihren Göttern, vor allem Song-Hyo und der Göttin Tsun-Kyan-Kse, herrliche Tempelanlagen. Im Tempel von Lao-Tsun soll eine goldene Statue dieser Göttin mit Augen aus Saphiren gestanden haben, die von 100 schneeweißen Katzen bewacht wurde. Eine dieser Katzen hieß Sinh und war die ständige Begleiterin des Priesters Mun-Ha, dessen silberweißer Bart angeblich vom Gott Song-Hyo höchstpersönlich gepflegt wurde. Eines Nachts überfielen Räuber den Tempel; Mun-Ha, der gerade ins Gebet vertieft vor der Statue der Göttin kniete, wurde getötet. Sofort sprang Sinh auf den Leichnam des Meisters und dessen entweichende Seele ging in die Katze über, dabei färbten sich ihre Augen saphirblau. Gesicht, Ohren und Beine der Katze nahmen die Farbe des fruchtbaren Bodens an, nur die Zehen blieben weiß, denn mit ihnen hatte das Tier den Bart des Priesters be-

Blue-Point Birma

rührt. (An den Vorderpfoten sind nur die Zehen weiß, an den Hinterpfoten reicht der Weißanteil bis zu den Knöcheln.) Die Verwandlung erfüllte die anderen Priester mit Mut; sie vertrieben die Räuber. Sinh aber starb sieben Tage später und trug so die Seele Mun-Has ins Paradies. Am folgenden Tag hatten auch alle anderen Katzen des Tempels ihr Aussehen verändert. Von nun an wurden sie von den Priestern gehegt und geschützt, denn man sah in ihnen nun die Beschützer der Seelen der toten Priester.

Chocolate-Point Birma

In den 1920er-Jahren führten französische Züchter die Birma in Europa ein. Die ersten beiden Birmakatzen, eine Katze und ein Kater, sollen ein Geschenk der Priester eines neuen, in Tibet errichteten Lao-Tsun-Tempels gewesen sein, doch soll der Kater die Reise nach Frankreich nicht überlebt haben. Die Kätzin hingegen soll trächtig gewesen sein und mit ihrem Wurf die Rasse der Birmakatzen begründet haben. Eine

Chocolate Birma

Birma, rote Tabby

weniger romantische Geschichte besagt, dass die Birma Produkt einer Kreuzung zwischen einer Siam und einer langhaarigen, schwarz-weißen Katze sei. In jedem Fall ist die Birma eine wunderschöne Katze, die sich in Frankreich hielt, bis die Population während des Zweiten Weltkriegs so drastisch dezimiert wurde, dass nur noch zwei Exemplare übrig waren. Es dauerte ziemlich lange, bis sich die Rasse erholte. 1966 wurde die Birma in England, 1967 in den USA eingeführt.

Seal-Point Birma

Blue-Point Birma

Die Birma ist eine sehr sanfte, intelligente Katze mit gedrungenem, kräftigem Körper, dicken Beinen und runden Pfoten. Ihr Fell ist nicht so flauschig wie das der Colourpoint Langhaar, aber seidiger. In den Wintermonaten zeigt sich eine deutliche Halskrause. Für die meisten Freunde der Birma sind ihre Augen das hervorstechendste Merkmal, denn diese sind fast rund und von wunderschön tiefem Saphirblau.

Seal-Point und Blue-Point sind die Originalfarben der Birmakatzen, die in den

Lilac-Point Birma

Seal-Tortie Birma

1920er-Jahren nach Frankreich kamen, und für die Puristen haben nur diese beiden Farben Gültigkeit. Züchtern ist es indessen gelungen, auch andere Farbschläge hervorzubringen, darunter Chocolate und Lilac (wobei die Abzeichen rosa-grau, Nasenspiegel und Pfotenballen lavendelrosa sind). Schildpatt- und Tabbyabzeichen müssen klare »Stirnrunzeln« (Frownmarks) zwischen den Augen und eine hellere Färbung rund um die Augen aufweisen, außerdem gefleckte Wangenpartien, gestreifte Beine und einen geringten Schwanz. In den USA haben Züchter eine kurzhaarige, wie eine Birma gemusterte Katze hervorgebracht, die Snowshoe (Schneeschuh) genannt wird (siehe Seite 152).

Rote Birma

Türkisch Van

Entstehungszeit: Vor dem 18. Jahrhundert
Herkunft: Van-See-Region, Türkei
Ahnen: Hauskatzen
Andere Namen: Schwimmende Katze
Farbschläge: Weißes Fell mit Markierungen in anerkannten Farben an Kopf und Schwanz
  Bi-Colour: Weiß mit Auburn (Rotbraun) oder Cream und bernsteinfarbenen, blauen oder zweifarbigen Augen
  Andere Farben: Schwarz, Blau, Schildpatt mit Weiß
Felllänge: Lang (im Winter länger als im Sommer)
Felltyp: Fein, seidig, keine Unterwolle
Gewicht: 3–8,5 kg

Die Türkisch Van liebt als Einzige der kleinen Katzen das Wasser und ist eine begeisterte Schwimmerin! Unter den Großkatzen ist nur der Tiger ein guter Schwimmer, und die meisten Hauskatzen scheuen das Wasser, obwohl sie stundenlang wie gebannt vor einem Goldfischglas sitzen können.

Die Türkisch Van wurde bereits vor Jahrhunderten in Anatolien, im Gebiet des Van-Sees, domestiziert. Wie die Türkisch Angora hatte auch die Van kaum Gelegenheit, sich

Weiß-Auburn Türkisch Van

außerhalb ihres angestammten Gebietes fortzupflanzen, so konnte sich das lange Haar als Charakteristikum dieser an sich eher stämmigen Katze behaupten. Der Legende zufolge ist die (idealerweise) weiße Blesse auf der Stirn der Van der Daumenabdruck Allahs. Auch wird behauptet, die einst in der Stadt Van lebenden Katzen seien alle völlig weiß gewesen und hätten ein grünes und ein blaues Auge gehabt.

Was an diesen Geschichten auch immer dran sein mag, in jedem Fall stimmt es, dass die Fellzeichnung der Van so typisch ist, dass man sie, tritt sie bei anderen Katzen auf, auch dort nach der Van bezeichnet.

Die moderne Entwicklungsgeschichte der Van begann 1955, als britische Touristen zwei der Tiere als Urlaubssouvenir nach Großbritannien mitbrachten. Die Rasse verbreitete sich rasch in Europa, wurde aber erst 1969 von den Zuchtverbänden anerkannt. 1982 gelangten die ersten Van-Kätzchen in die USA, wo die Rasse inzwischen von der CFA und der TICA anerkannt ist.

Die GCCF anerkennt nur zwei Farbschläge: Auburn (Rotbraun) und Creme, andere Verbände registrieren auch auf Schwarz basierende Farben. Während manche Züchter die Farbe schlicht als Rot bezeichnen, wählen die Van-Züchter die poetischere Bezeichnung Auburn, wobei im Idealfall das Fell kalkweiß ist und die rotbraune Markierung sich nur oben auf dem Kopf (die Zeichnung im Gesicht sollte maximal bis zur Augenhöhe reichen) und auf dem buschigen, voll behaarten Schwanz befindet, der so lang ist wie der Körper. Die Auburn-Markierung, zu der rosa geränderte, große, ovale, bernsteinfarbene Augen gehören, war das originale Erscheinungsbild der Van, als sie in den 1950er-Jahren nach Europa kam.

Türkisch Vans mit Schildpatt und Weiß tauchten erstmals auf, als Schwarz in die Züchtung gebracht wurde, doch die Musterung ist schwer zu züchten, denn nur zu häufig erscheinen auch Farbflecken auf dem Körper der Katze. Die perfekte, für die Schau geeignete Schildpatt Van ist entsprechend selten, doch es gibt viele heißgeliebte Schildpatt Vans als Hauskatzen!

In ihrer Heimat Türkei entwickelte die Van einen extrem dicken Winterpelz, um sich vor der Kälte zu schützen. Im Sommer mausert sie sich stark und wirft fast das ganze Winterfell ab. Das seidige Fell ist wasserabstoßend, es teilt sich leicht und fällt bei jeder Bewegung wieder in die alte Form. Die Van ist eine muskulöse, hervorragend zum Schwimmen proportionierte Katze, denn der Körper ist lang, die Beine sind mittellang, die runden kleinen Pfoten haben Haarbüschel auf den Zehen und rosa Ballen. Als Nachfahrin einer ländlichen Katze, die an extreme Witterung und ein hartes Leben angepasst war, hat sich die Van ihren Sinn für Unabhängigkeit erhalten.

Colourpoint Langhaar / Himalayan

Entstehungszeit: 1950er-Jahre
Herkunft: Großbritannien und USA
Ahnen: Langhaarkatzen, Siam
Andere Namen: Himalayan Persian (USA)
Farbschläge: Cremefarbenes Körperfell mit Abzeichen in allen Point-Farben
Felllänge: Lang (12 cm)
Felltyp: Sehr dick und seidig, nicht wollig
Gewicht: 3,5 – 7 kg

Die Colourpoint Langhaar, in den USA unter dem poetischeren Namen Himalayan Persian bekannt, ist eine von Menschen künstlich erzeugte Rasse. Sie ist das Ergebnis von Zuchtexperimenten, die vorgenommen

Chocolate Colourpoint

Rote Colourpoint

wurden, um genetisch bedingte Erkrankungen auszuschalten. In den 1920er-Jahren kreuzte der schwedische Genetiker Dr. Tjebbes Siam-, Perser- und Birmakatzen. Ein Jahrzehnt später entschieden zwei amerikanische Forscher der Havard Medical School, dass weitere Züchtungen – diesmal mit Katzen mit bekannten Stammbäumen – vorgenommen werden müssten, um die Vererbung bestimmter Charakteristika zu verfolgen. Sie verpaarten schwarze, Smoke- und Tabby-Langhaarkatzen (Perser) mit Siamkatzen, um eine Rasse zu züchten, die den Fell- und Körpertyp der Perser mit der Musterung der Siam vereinte.

Das erste Kätzchen der neuen Colourpoint Langhaar-Rasse, Debutante genannt, wurde 1935 geboren. Inzwischen experimentierten in den USA und Großbritannien auch andere Züchter und die von ihnen hervorgebrachte Rasse wurde Himalayan genannt, nicht, weil eine geografische Verbindung zu der Bergregion bestanden hätte, sondern weil andere kleine Zuchttiere mit ähnlicher Fellzeichnung, darunter Kaninchen, mit diesem Namen bezeichnet werden. In Großbritannien wurde die Züchtung 1955 anerkannt – allerdings unter dem Namen Colourpoint Longhair.

In den USA begann die ernsthafte Züchtung der Himalayans in den 1950er-Jahren, doch erst 1957, als zwei Exemplare bei einer Ausstellung in San Diego vorgeführt wurden und dort eine Sensation darstellten, begannen sich Katzenliebhaber für die Rasse zu interessieren. Dem Präsidenten der neu gegründeten ACFA waren die zwei Kätzchen zur Anerkennung der Rasse vorgestellt worden, und als das Verbandskomitee sie sah, entschied es mit 15 zu einer Stimme für die Registrierung. Im selben Jahr erfolgte auch die Anerkennung durch die CFA.

Obwohl die Colourpoint nur eine der vielen langhaarigen Rassen mit Siam-Abzeichen darstellt, ist sie doch sofort an ihrem breiten Kopf, den kleinen,

Lilac Colourpoint

gerundeten Ohren, den kurzen, dicken, kräftigen Beinen, dem buschigen Schwanz, der flachen Nase und dem sehr langen, seidigen Fell erkennbar. Dunkle Abzeichen bei heller Körperfarbe werden von den Juroren als ideal angesehen, doch wegen der Länge des Fells ist der Übergang zu den Abzeichen weicher als bei der Siam, deren Fell enger anliegt. Im flauschigen Fell der Colourpoint fängt sich mehr Luft, dadurch scheinen sich die farblichen Übergänge zu verwischen. Die Maske der erwachsenen Colourpoint/Himalayan bedeckt das Gesicht, sollte sich aber nicht über den Rest des Kopfes erstrecken. Kater haben allerdings ausgeprägtere Masken als Kätzinnen.

Anfangs erkannten die Verbände nur einige wenige Farbschläge an. Heute werden Seal, Blue, Chocolate, Lilac und Flame-Point sowie alle Tortie- und Tabby-Points bei dieser wunderschönen, exotischen Rasse anerkannt. Um eine einfarbige Chocolate Colourpoint zu erzeugen, hat man eine Colourpoint Langhaar mit einer Burma verkreuzt. Aus dem Ergebnis entwickelte sich eine neue Rasse, die Tiffanie (siehe Seite 104).

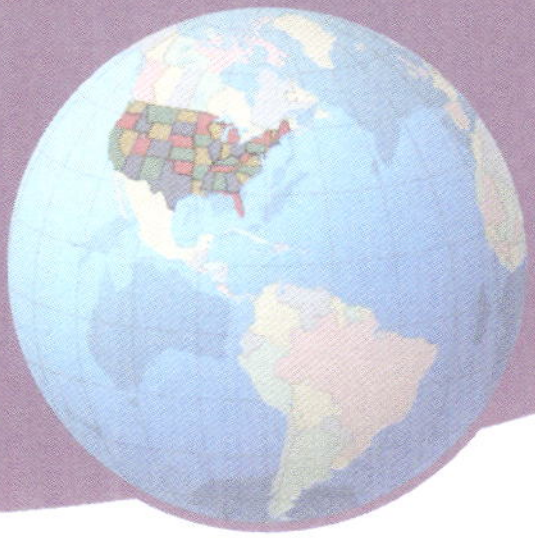

Maine Coon

Entstehungszeit: 1860er-Jahre
Herkunft: USA
Ahnen: Farmkatzen
Andere Namen: Mainekatze, Maine Shag
Farbschläge: Alle Farben und Muster außer Chocolate, Lilac und Siam-Muster
Felllänge: Mittellang
Felltyp: Schwer und dicht mit Unterwolle
Gewicht: 4 – 10 kg

Der sanfte Riese unter den Katzen, die Maine Coon, gehört zu den ältesten natürlich entstandenen Rassen Nordamerikas. Man nimmt gemeinhin an, der amerikanische Bundesstaat Maine sei ihre Heimat. Eine Reihe von Legenden ranken sich um ihren Ursprung, darunter die Geschichte, sie sei eine Kreuzung aus halbwilder Hauskatze und Waschbär, englisch Racoon. Biologisch ist das unmöglich, die Geschichte entstand aber wohl, um den besonders buschigen Schwanz und die häufig anzutreffende, waschbärähnliche Tabbyzeichnung zu erklären. In jedem Fall leitet sich von dieser Legende der Name Maine Coon her. Eine andere Legende besagt, die französische Königin Marie Antoinette habe während der Französischen Revolution ihre Flucht nach

Maine Coon, Silbertabby-mit-Weiß

Amerika geplant und ihre Katzen vorausgeschickt.

Am wahrscheinlichsten ist die prosaische Erklärung, dass es sich bei der Maine Coon um eine Kreuzung zwischen kurzhaarigen Hauskatzen und Angorakatzen handelt, die von englischen Seeleuten nach Amerika gebracht wurden. Jedenfalls beharren Freunde der Maine Coon auf dem Standpunkt, dass das Langhaar-Gen durch Katzen nach Amerika kam, die von den Wikingern eingeführt wurden, als sie von ihren Siedlungen in Grönland und Island aus nach Amerika kamen. Eine in Maine gefundene Wikingermünze aus dem 11. Jahrhundert scheint dies ebenso zu bestätigen wie die Tatsache, dass Katzenfelle begehrtes Handelsgut waren.

Im 19. Jahrhundert war die Maine Coon, die sich zu einer wunderbaren, kräftigen und ruhigen Rasse entwickelt hatte, allgemein anerkannt. In der Literatur wird sie erstmals 1861 erwähnt. Der schwarz-weiße »Captain Jenks of the Horse Marines« war die erste namentlich genannte Maine Coon einer

Maine Coon, gestromte Silbertabby

in jenem Jahr in Boston und New York abgehaltenen Ausstellung. Als Ende des 19. Jahrhunderts die mehr Aufsehen erregenden Perser eingeführt wurden, schwand das Interesse des Publikums an der Maine Coon. Nur als Mäusefänger und Hauskatze war sie weiterhin in ganz Neu England äußerst beliebt.

Lediglich eine kleine Gruppe Züchter blieb ihr treu, und in den 1950er-Jahren

Maine Coon, braun gefleckte Tabby

Schwarze Maine Coon

konnte die Maine Coon erneut Aufmerksamkeit und Interesse auf sich ziehen.

Mit ihrem üppigen Fell und dem kräftigen Körperbau kann die Maine Coon den härtesten Winter überstehen. Sie gehört zu den größten unter den domestizierten Katzen – Kater wiegen oft bis zu 7 kg, Kätzinnen bringen im Schnitt 5 kg auf die Waage, doch man hat auch schon von Schwergewichten von 18 kg gehört! Sie genießen die menschliche Gesellschaft, sind aber glücklicherweise keine Schoßkatzen –

Maine Coon, Red-Silver-mit-Weiß

Blue / Silver Maine Coon

Maine Coon, Tortie-Tabby-mit-Weiß

man müsste schon einen gewaltigen Schoß haben, damit die großen Tiere darauf Platz fänden!

Während der gesamten Entwicklungsgeschichte der Maine Coon hat es kaum Beschränkungen gegeben, was Farbe und Musterung anbelangt, lediglich Lilac, Chocolate und Siam-Muster sind nicht anerkannt. Die Maine Coon wird folglich in einer breiten Palette von Farbschlägen gezüchtet, darunter Ein- und Zweifarbig, Schildpatt, Smoke und Shaded, Tabby-Torties (Torbie genannt!) sowie Tabbys aller Farbschläge, wobei die gestromte braune Tabby zweifellos die bekannteste ist. Ursprünglich erhielten nur braune Tabbys den Namen Maine Coon (wegen der Ähnlichkeit mit dem Waschbär), alle anderen Farbschläge wurden Maine Shag genannt.

Goldäugige weiße Maine Coon

Maine Coon, Braune-Tabby-mit-Weiß

Blue-Tabby Maine Coon

Die Augenfarben reichen von Grün über Gold und Kupfer bis Blau. Bei weißen Katzen werden auch zweifarbige Augen zugelassen. Bei Ausstellungen schlagen Fell- und Augenfarbe bei den Bewertungen nur mit 15 Prozent zu Buche, viel wichtiger sind den Juroren Kopf- und Körperform sowie der Zustand des Fells. Der Kopf ist idealerweise etwas länger als breit mit hohen Wangenknochen. Die mit Haarbüscheln besetzten Ohren sind groß und spitz zulaufend. Der kräftige Hals ist mittellang, der Körper muskulös und die Brust breit. Anders als beim Langhaarperser sind Beine und Schwanz der Maine Coon lang. Trotz seiner Länge und Dichte ist das Fell der Maine Coon pflegeleicht und wasserabstoßend, Baden ist also nur selten erforderlich!

Norwegische Waldkatze

Entstehungszeit: 1930er-Jahre
Herkunft: Norwegen
Ahnen: Farmkatzen
Andere Namen: Skogkatt, Skaukatt, Wegie
Farbschläge: Alle Farben und Muster mit und ohne Weiß, außer Chocolate, Lilac und Siam-Muster
Felllänge: Mittellang
Felltyp: Doppellagig; dickes Unterfell und glattes, wasserabstoßendes Deckhaar
Gewicht: 3–9 kg

Domestizierte Katzen kamen wohl ab etwa 1000 n. Chr. durch die Handelsbeziehungen zwischen Wikingern und Konstantinopel (heute Istanbul) nach Skandinavien. Als Beweis, dass der Handel auch Katzen umfasste, gilt der Umstand, dass die Katzenpopulation Norwegens Fellfarben aufweist, die man auch bei türkischen Katzen antrifft, die aber im übrigen Europa selten sind. Langhaarkatzen sind in ganz Skandinavien verbreitet: Während Norwegen seine »Wegie« hat, kennt man in Dänemark die »Racekatte« und in Schweden die »Rugkatt«.

Die Norwegische Waldkatze ist eine einzigartige skandinavische Rasse, die ganz dem kalten Klima des hohen Nordens angepasst ist. Ihre genaue Herkunft ist unbekannt, doch wie die Maine Coon ist sie an Kälte und Feuchtigkeit angepasst, denn das dichte, doppellagige Fell besteht aus einem wolligen Unterfell, das den Körper warm hält, und langem, glänzendem, wasserabweisendem Deckhaar, das weder Regen noch Schnee durchlässt. Wie bei der Maine Coon erfordert das Fell wenig

Norwegische Waldkatze, Braune-Tabby-mit-Weiß

Pflege, doch es wird, wie bei allen Langhaarkatzen, im Sommer abgeworfen. Nur der wunderbar buschige Schwanz zeigt dann noch, dass es sich um eine Langhaarkatze handelt. Der buschig behaarte Schwanz reicht bis zu den Schulterblättern und wird gern hochgestellt.

Ihrer Größe und ihrer kräftigen Beine wegen – die Hinterbeine sind länger als die Vorderbeine – ist die Wegie, die auch große runde Pfoten und sehr scharfe Krallen hat, eine hervorragende Kletterkünstlerin. Vielleicht sind diese agilen Tiere die Nachkommen jener mythischen Riesenkatzen, die der nordischen Sage nach den

Norwegische Waldkatze, Blau-mit-Weiß

Norwegische Waldkatze, Black-Tortie

Norwegische Waldkatze, Silbertabby-mit-Weiß

Norwegische Waldkatze, Black-Smoke-mit-Weiß

Wagen der Göttin Freyja zogen. Auch in den im 19. Jahrhundert gesammelten nordischen Volksmärchen kommen häufig Katzen mit besonders langen, buschigen Schwänzen vor.

Aus den widerstandsfähigen, schädliche Nager jagenden Hauskatzen entwickelten Züchter in den 1930er-Jahren die ersten Rassekatzen. Wenigstens eine Norwegische Waldkatze ist bereits vor dem Zweiten Welt-

Norwegische Waldkatze, Braune-Tabby-mit-Weiß

Norwegische Waldkatze, schwarze getigerte Tabby

Blauäugige weiße Norwegische Waldkatze

Schwarz-weiße Norwegische Waldkatze

krieg bei einer Ausstellung in Oslo vorgestellt worden, doch wirklich ernsthaft wurde die Züchtung erst in den 1970er-Jahren betrieben. 1979 kamen die ersten Norwegischen Waldkatzen in die USA und ein Jahr später nach Großbritannien. Derzeit gibt es etwa 400 registrierte Wegies in Norwegen und viele weitere in den angrenzenden Ländern, vor allem in Schweden. Obwohl groß und kräftig, sollen Norwegische Waldkatzen doch niemals gedrungen erscheinen. Das Gesicht soll eckig sein und den Eindruck von aufmerksamer Intelligenz vermitteln, aber nicht »süß« wirken. Alle Farbschläge sind zugelassen, doch werden die Farben nicht bewertet, vielmehr kommt es auf die Qualität des Fells an. Als Spiegelung der Population, aus der die Wegie hervorging, herrschen Tabby und Bi-Colour vor.

Norwegische Waldkatze, Cream-Smoke-mit-Weiß

Sibirische Waldkatze

Ihrem Aussehen nach sind die Sibirischen den Norwegischen Waldkatzen (siehe Seite 89) sehr ähnlich. Wie diese haben sie ein sehr dichtes, öliges Fell, das der extremen Kälte nordischer Breiten standhält. Es ist nicht unwahrscheinlich, dass die Katzen jahrtausendelang unabhängig vom Menschen lebten.

Bereits bei den ersten von Harrison Weir arrangierten Ausstellungen wurden russische Katzen vorgestellt; Weir selbst besaß eine. Doch als sich die Beziehungen zwischen der Sowjetunion und der westlichen Welt im 20. Jahrhundert abkühlten, geriet die Rasse weitgehend in Vergessenheit. In jüngster Zeit kam neues Interesse auf und Standards wurden festgelegt. Dank der Bemühungen von Elizabeth Terrell von der Starpoint Cattery wurden Sibirische Waldkatzen 1990 erstmals in die USA eingeführt.

Seit das Interesse an der Sibirischen Waldkatze geweckt ist, wurden verschiedene Farben und Muster vorgestellt, doch einige russische Verbände fürchten, dass die ins Ausland gelangenden Exporte nicht immer die besten Vertreter der Rasse sind und so gelten in Russland andere Standards. Hier bevorzugt man ein Erscheinungsbild mit breitem Gesicht und leicht schrägen Augen, das dem asiatischen Einschlag der Wildkatze ähnlicher ist. Außerhalb Russlands sind die von der TICA anerkannten Standards weniger streng.

Entstehungszeit: 1980er-Jahre
Herkunft: Ostrussland
Ahnen: Haus- und Hofkatzen
Andere Namen: Keine
Farbschläge: In Russland nur in Farben anerkannt, die auf Rot und Schwarz basieren. Außerhalb wird eine breitere Palette anerkannt:
- **Einfarbig und Schildpatt:** Schwarz, Rot, Blau, Creme, Tortie und Blue-Tortie
- **Smoke, Shaded und Tipped:** Wie einfarbig und Schildpatt
- **Tabby, Silbertabby (gestromt, getigert, getupft):** Braun, Rot, Creme, Tortie und Blue-Tortie
- **Bi-Colour:** Alle erlaubten Farbschläge mit Weiß

Felllänge: Lang
Felltyp: Dichtes, wasserabweisendes Unterfell mit langen, leicht öligen Leithaaren
Gewicht: 4,5–9 kg

So kann der Kopf runder sein. Auch die Augen dürfen fast rund sein und ein niedlicherer Gesamteindruck ist gestattet. Außerdem sind in ihrer Heimat nur die auf Schwarz und Rot basierenden Farbschläge zugelassen. Daraus folgt, dass sich international zwei unterschiedliche Erscheinungsformen der Sibirischen Waldkatze entwickelt haben.

Die Sibirische Waldkatze ist eine kräftige Katze mit langem, muskulösem Körper und kurzen, starken Beinen, die in großen, runden, mit Haarbüscheln besetzten Pfoten enden. Bei beiden Geschlechtern sind die Hinterbeine etwas länger als die Vorderbeine, was ein ganz leicht gekrümmtes Rück-

Sibirische Waldkatze, Silbertabby-mit-Weiß

grat bewirkt. Eine ausgeprägte Halskrause betont die gedrungenen Proportionen. Die mittelgroßen Ohren haben gerundete Spitzen und sind leicht auswärts gerichtet, was die Tiere allzeit aufmerksam erscheinen lässt. Der breite Kopf ist zwischen den Ohren flach, der mittellange Schwanz ist dick mit gerundeter Spitze. Das dicke, leicht ölige Deckhaar weist Schnee und Regen ab und das dichte, wollige Unterfell ist bestens geeignet, vor der sibirischen Kälte zu schützen. Alles an dieser Katze ist darauf angelegt, den härtesten klimatischen Bedingungen zu trotzen.

Sibirische Waldkatze, rot gestromte Tabby-mit-Weiß

Ragdoll

Entstehungszeit:
1960er-Jahre
Herkunft: USA
Ahnen: Ungewiss
Andere Namen: Keine
Farbschläge:
Pointed, Mitted, Bi-Colour:
Seal, Chocolate, Blau und Lilac
Felllänge: Mittellang
Felltyp: Sehr dicht und seidig
Gewicht: 4,5–9 kg

Seal-Colourpoint Ragdoll

Die Ragdoll ist eine relativ neue Züchtung, die erst in den 1960er-Jahren von der kalifornischen Züchterin Ann Baker entwickelt wurde. Gelegentlich wird sie mit der Birma (siehe Seite 70) verwechselt. Beide Rassen können Abzeichen in Seal, Blau, Chocolate oder Lilac haben. Als Bi-Colour sind sie an Kopf, Körper und Beinen weiß, oder, man spricht dann von »mitted«, lediglich an Unterbauch und Füßen. Allerdings hat die Ragdoll einen schwereren Körperbau als die Birma. Sie ist das Ergebnis des Versuchs, eine Katze mit besonders sanftem Wesen zu züchten. Dies ist der Züchterin gewiss gelungen, denn die Ragdoll ist bekannt dafür, dass sie sich völlig entspannt, wenn sie gestreichelt oder aufgenommen wird.

Seal-Mitted Ragdoll

Blue-Mitted Ragdoll

Daher auch ihr Name, der so viel wie »Stoffpuppe« bedeutet. Ann Baker gründete einen eigenen Verband, die anderen Verbände aber erkannten ihre Ragdoll nicht an. Erst von anderen Züchtern vorgestellte Ragdolls erlangten die Registrierung.

Die ersten Ragdolls waren Nachkommen einer weißen, vermutlich stammbaumlosen Perserkätzin namens Josephine und einem Birma-ähnlichen Kater namens Daddy Warbucks. Ann Baker zufolge hatte Josephine durch einen Autounfall einen Beckenbruch erlitten und die von ihr geborenen Ragdoll-Kätzchen waren, als sie sie aufnahm, völlig schlaff. Das führte zu der Behauptung, Ragdolls seien – als direkte Folge von Josephines Unfall – schmerzunempfindlich und hätten auch keine Angst, andere Tiere anzugreifen. Diese Behauptung ist falsch, Ragdolls spüren Schmerzen wie alle anderen Katzen auch, allerdings haben sie ein extrem sanftes Wesen, was sie zu idealen Haustieren macht. Sie lassen sich auch leicht erziehen, denn sie sprechen auf Leckerbissen, die zur Belohnung gereicht werden, hervorragend an! Tatsächlich sind diese Charakteristika aber das normale Resultat der genetischen Mutationen, die

Cream-Mitted Ragdoll

Bi-Colour Ragdoll

auftreten, wenn stark domestizierte Tiere verkreuzt werden. Züchter weisen darauf hin, dass alle als Ragdoll bezeichneten Varietäten hervorgebracht werden können, wenn man eine weiße Kätzin mit einem Kater verpaart, der das Siam-Langhaar-Gen trägt und einer der beiden zusätzlich über das Piebald-Gen verfügt, das rezessiv bei weißen Langhaarkatzen vorkommen kann.

Die Ragdoll ist eine große Katze – Kater können bis zu 9 kg wiegen – mit starkem, muskulösem Körper, kurzem, massigem Hals und breiter Brust. Das Fell ist an den mittellangen Beinen kürzer als am Körper. Die großen, runden Pfoten sind mit Haarbüscheln besetzt, die Ballen sind dunkelbraun oder schwarz. Der mittelgroße Kopf weist eine gerundete Schnauze und volle Wangen auf, die ovalen Augen sind blau und die am Ansatz breiten Ohren haben gerundete, leicht nach vorn gerichtete

Blue-Mitted Ragdoll

Seal-Tortie-Point Ragdoll

Spitzen. Wie bei allen Langhaarkatzen ist das Fell der Ragdoll seidig, aber auch sehr dicht. Während die Halskrause ausgeprägt ist und das Fell am Schwanz länger ausfällt, ist das Fell am Körper nur mittellang. Ragdolls mit Abzeichen werden weiß geboren, Fellfarbe und Points entwickeln sich erst im Laufe der ersten zwei Jahre. Anfangs herrschten Seal- und Blue-Point vor, später gelang es den Züchtern, auch Chocolate- und Lilac-Point hervorzubringen. Die Verbände erkennen Bi-Colours und Colourpoints an, bestehen aber auf deutlichen Kontrasten. Die Körperfarbe darf auch dunkler sein als normalerweise bei Rassen mit Abzeichen üblich.

Blue-Colourpoint Ragdoll

Seal-Bi-Colour Ragdoll

Somali

Entstehungszeit: 1963
Herkunft: Kanada und USA
Ahnen: Abessinier
Andere Namen: Langhaar Abessinier
Farbschläge:
- **Tabby (gebändert):** Usual (in den USA Ruddy genannt), Chocolate, Sorrel, Blau, Lilac, Fawn und Creme
- **Tortie:** Usual, Chocolate, Sorrel, Blau, Lilac und Fawn-Tortie
- **Silbertabby (gebändert):** Farben wie Tabby und Tortie, doch Brust und Unterseite müssen weiß sein

Felllänge: Mittellang mit Halskrause und Zehenbüscheln
Felltyp: Fein und seidig, gebändert (mindestens 3, doch bis zu 12 Bänderungen auf jedem Haar)
Gewicht: 3,5–5,5 kg

Usual (Ruddy) Somali

Mit ihrem schönen dichten Fell, den buschigen »Hosen«, den betonten Ohrbüscheln und dem langen, buschig behaarten Schwanz, der an eine Fuchsrute erinnert, ist die Somali eine wild wirkende, lebhafte und athletische Katze. Wie ihre Verwandte, die Abessinierkatze, hat sie ein freundliches Wesen und eine sanfte Stimme und ist eine gute Gefährtin. Der nach dem ostafrikanischen Staat Somalia gewählte Name soll die Nähe zur Abessinierkatze herausstellen (Abessinien ist der frühere Name des heutigen Äthiopien), denn die Somali ist quasi eine langhaarige Abessinierkatze.

Anfangs wurde die Rasse nicht anerkannt, denn man hielt sie für eine Fremdkreuzung zwischen Langhaarkatze und Abessinier. Inzwischen weiß man, dass das rezessive Langhaar-Gen *(l)* – siehe auch Seite 49ff. – über Generationen hinweg weitergetragen werden kann und immer wieder langhaarige Kätzchen in Abessinierwürfen vorkommen. In den 1940er-Jahren exportierte die britische Züchterin Janet Robertson »Abys« nach Nordamerika und Australien, die ihrerseits wiederum langhaarige Junge warfen. Die erste offiziell anerkannte Somali züchtete in den 1960er-Jahren Ken McGill; sie begründete den Stammbaum der in den 70er-Jahren gezüchteten US-Somalis. In den 80er-Jahren wurden erste Exemplare nach Europa gebracht. Seit 1991 sind sie weltweit anerkannt.

Wie ihr abessinischer Vorfahr hat auch die Somali ein gebändertes Fell, das allerdings seidiger, weicher und länger ist. Statt nur zwei oder drei, weist jedes einzelne Haar der Somali bis zu 12 Bänderungen auf. Die Färbung, die Usual (in den USA Ruddy genannt) oder Sollel (Rot) sein kann, ist tief und voll. Usual (Ruddy) war die erste bei Ausstellungen akzeptierte Farbe, dabei ist die Grundfarbe ein warmes Rotbraun, die Bänderung schwarz. Bei allen Somalis ist die Bänderung dunkler als die Grundfarbe.

Blue/Silver Somali

Im Herbst und Winter, wenn das Fell dicht ist, hat es einen wunderbar lebhaften Schimmer. Das niemals wollige Fell ist dicht, die Halskrause ist für die Rasse typisch. Die Jungen werden sehr dunkel geboren, erst nach etwa 18 Monaten sind Fellfarbe und Bänderung voll entwickelt.

Von geschmeidig muskulösem Körperbau, haben die Somalis lange Beine mit ovalen, mit Haarbüscheln besetzten Pfoten. Der Kopf weist eine gemäßigte Keilform auf, die Augen aller Somalis sind dunkel umrandet und tragen eine »Brille« aus hellerem Haar. Auf Wange und Stirn zeigt sich deutliche Tabbyzeichnung. Der Legende zufolge soll Mohammed einst eine Tabbykatze umarmt und dabei sein Initial M auf ihrer Stirn hinterlassen haben!

Chocolate Somali

Blaue Somali

Da das Langhaar-Gen *(l)* rezessiv ist, müssen immer zwei Somalis miteinander verkreuzt werden. Verpaart man sie mit einer Abessinier, ergibt es kurzhaarige Junge, die das Langhaar-Gen in sich tragen. Sie haben aber ein plüschigeres Fell als normale Abessinier. Verpaart man solche Nachkommen, enthält der Wurf sowohl lang- als auch kurzhaarige Junge. Dessen ungeachtet müssen alle »kurzhaarigen« Somalis in Nordamerika als Somalis registriert werden, obwohl sie genetisch mit den Abessiniern identisch sind, die ebenfalls das Langhaar-Gen in sich tragen können.

Tiffanie

Entstehungszeit: 1980er-Jahre
Herkunft: Großbritannien
Ahnen: Burma-Chinchilla-Kreuzung
Andere Namen: Keine (doch nicht zu verwechseln mit der in USA Tiffany genannten Chantilly)
Farbschläge:
- **Einfarbig und Sepia:** Schwarz, Chocolate, Rot, Blau, Lilac, Creme, Caramel und Apricot
- **Tortie:** Schwarz-, Chocolate-, Blau-, Lilac- und Caramel-Tortie
- **Shaded:** Wie einfarbig
- **Tabby (alle Muster):** Braun, Chocolate, Rot, Blau, Lilac, Creme, Caramel, Apricot, Black-Tortie, Chocolate, Blue, Lilac und Caramel-Tortie

Felllänge: Lang mit Halskrause
Felltyp: Sehr fein
Gewicht: 3,5–6,5 kg

Die attraktiv benannte Tiffanie ist insofern ungewöhnlich, als sich bei ihr das lange seidige Fell mit den schattierten Farbschlägen der Burma (siehe Seite 170) kombiniert. Obwohl sie manchmal mit ihrer amerikanischen Namensvetterin, der außerhalb der USA Chantilly genannten Tiffany verwechselt wird, haben die beiden Rassen nichts miteinander zu tun. Vielmehr ist die Tiffanie als langhaarige Burma die einzige langhaarige Orientalin überhaupt. Bei der Geburt von blasser Milchkaffeefarbe, dunkelt das Fell erst später nach und wächst auch erst langsam aus. Insgesamt bleibt die Tiffanie heller als die Burma gleichen Alters.

Blue-Shaded Silbertiffanie

Die blauen Augen werden später grau und sind beim erwachsenen Tier goldfarben.

Die ersten Tiffanies entstanden 1981 in London durch eine zufällige Kreuzung zwischen einem Chinchilla-Perser und einer Lilac Burma, die der Baronesse Miranda von Kirchberg gehörten. Die erste Generation waren kurzhaarige, schattierte Burmillas (siehe Seite 179), doch in den Folgegenerationen setzten sich die rezessiven Gene für Langhaar und Sepia-Abzeichen wieder durch. Obwohl die Burma in die Ahnenreihe der Tiffanie gehört, sind die beiden Rassen doch deutlich unterschieden.

Während das Fell der Tiffanie halblang, fein und seidig ist, wie man es bei Nachkommen eines Langhaarpersers vermuten darf, ist ihr Körper mittelgroß und muskulös, der Rücken gerade. Der Kopf ist von kurzer Keilform mit ausgeprägtem Stopp im Profil. Die mittelgroßen bis großen Ohren setzen die Gesichtslinie fort, die leicht schrägen Augen sind weder mandelförmig noch rund. Die halblangen Beine enden in gerundeten Pfoten, der elegant befederte Schwanz ist lang. In ihrem Wesen vereint die Tiffanie die vorteilhaften Charakteristika der Elternrassen, ist sie doch lebhafter als die Perser und zugleich weniger draufgängerisch als die Burma. Bei der Bewertung wird auf diese Wesensmerkmale großer Wert gelegt. Da sie obendrein eine pflegeleichte Langhaarkatze ist, wird sich die verführerische Tiffanie gewiss bald weltweit größter Beliebtheit erfreuen.

Chocolate/Smoke Tiffanie

Perser

Entstehungszeit: 19. Jahrhundert
Herkunft: Großbritannien
Ahnen: Langhaarkatzen aus dem mittleren Osten
Andere Namen: Longhair in Großbritannien, Persian in USA
Farbschläge: Siehe Text
Felllänge: Bis zu 10 cm
Felltyp: Weich und dick, nicht wollig
Gewicht: 3,5–7 kg

Die langhaarigen Perser sind nicht nur ein wichtiger und oft mit Preisen hoch dekorierter Teil der Welt der Rassekatzen, sie sind auch sehr beliebte Haustiere. Ihr langes Fell verdanken sie dem rezessiven Gen *(l)* (siehe Seite 49ff.). Vermutlich stammen sie ursprünglich aus Kleinasien. Einem beliebten Märchen zufolge soll ein Zauberer sie aus dem Flackern eines Feuers, dem Funkeln zweier ferner Sterne und einem Wirbel aus grauem Rauch geschaffen haben.

Blue-Cream Perser

Roter Perser

Cremefarbener Perser

1876 wurden Langhaarkatzen im englischsprachigen Raum als »Asiatic Cats« erwähnt, doch sie waren in Europa zu dieser Zeit schon seit rund 300 Jahren bekannt.

Schwarzer Perser

Cream-Point Perser

Perser, braun gefleckte Tabby

Heute unterscheidet man in Großbritannien, wo die einfarbigen Schläge »Longhairs« genannt werden, rund 50 Farben und jede gilt als eine eigene Rasse! In den USA werden die Katzen »Persians« genannt. Hier werden die verschiedenen Farbschläge als Varietäten gelistet und bei Ausstellungen in fünf Klassen unterteilt: Solid oder Self, Shaded, Smoke / Tabby, Part-Coloured

Black-Smoke Perser

Weißer Perser

und Point-Restricted Colours. Dessen ungeachtet ist der als ideal geltende Körperbau einheitlich: Die Katze soll groß und gedrungen sein und kurze, dicke Beine haben. Der Kopf soll rund, massiv und breit sein, die Wangen voll, die Augen groß, rund und weit gestellt, die Ohren klein und gerundet und das Fell wünscht man natürlich lang und seidig. Während die frühen Perser kurze, kompakte Gesichter hatten, waren sie doch nicht so flach, wie man sie heute sieht. Europäische Züchter bevorzugen noch immer eine moderate Nase, während man in den USA die extrem flachen Nasen mit ausgeprägtem Stopp vorzieht.

Schildpatt Perser

Chinchilla Perser

Da diese Extremzüchtungen ihrer engen Nasengänge und verkümmerten Tränenkanäle wegen jedoch sehr zu leiden haben, sehen viele Züchter dieses Erscheinungsbild nicht mehr als erstrebenswert an.

Als Harrison Weir Ende des 19. Jahrhunderts erstmals seine Standards formulierte, nannte er für einfarbige Perser die Farben Weiß, Schwarz, Blau, Grau und Rot sowie Braun, Blau, Silber, Hellgrau und Weiß für Tabbys. Bis 1901 wurden in Großbritannien die Farbschläge Black, White, Blue, Orange, Cream, Sable, Smoke, Tabby, Spotted, Chinchilla, Tortie, Bi-Colour und Tri-Colour anerkannt. Die orangefarbenen Perser waren die Ahnen der Roten sowie der Roten Tabby-Perser. Die Tri-Colour-Perser waren wahrscheinlich Tortie und Weiß.

Heute gehört zur Palette der einfarbigen Perser Weiß, Schwarz, Blau, Chocolate, Lilac, Rot und Creme. Obgleich Schwarz –

Brown-Tabby-Perser

Seal-Tortie-Colourpoint Perser

in Großbritannien als Breed Number 1 gelistet – die älteste Varietät darstellt, gab es 1910 lediglich 10 registrierte Exemplare. Erst nach dem Zweiten Weltkrieg, als amerikanische Züchter sich um die Rasse bemühten, nahm die Zahl der Schwarzen Perser zu. Die Weißen Perser gehörten zu den ersten Langhaarkatzen Europas. Damals wie heute waren sie für ihre blauen Augen berühmt, die allerdings mit Taubheit vergesellschaftet sind, was an dem dominanten Gen *W* liegt (siehe Seite 49ff.). Um der Taubheit entgegenzuwirken, verkreuzte man weiße Perser mit den Farbschlägen Blau und Schwarz, was sowohl Katzen mit blauen als auch solche mit kupferfarbenen Augen ergibt. Taube blauäugige Kätzchen werden sterilisiert.

Blau war von Anfang an eine beliebte Varietät – ein Trend, der auf Königin Viktoria zurückgehen soll, die sich nie von ihren beiden Blauen Persern trennte. Heute haben Blaue Perser ihre eigenen, nur ihnen gewidmeten Ausstellungen! Die seltenste unter den Einfarbigen ist die Rote Perser. Sie ist schwer zur Perfektion zu züchten, weil sich kaum Elterntiere finden, die als Jungtiere keine Tabby-Geisterzeichnung hatten, was unerwünscht ist. Doch ist es angesichts der Art, wie sich das Orange-Gen *O* auswirkt, wahrscheinlich unmöglich, eine völlig von Markierungen freie Rote Perserkatze zu züchten.

Tabby-Colourpoint Perser

Blue-Tabby-Perser

Tabby-Perser wurden bereits 1871 bei der von Weir in London abgehaltenen Ausstellung zugelassen. Heute werden in Nordamerika sowohl getigerte als auch gestromte Tabbymuster anerkannt, in Großbritannien nur das gestromte. Die Tabbys werden in den Grundfarben, wie beispielsweise Braun (was genetisch Schwarz entspricht), aber auch Silber und Rot gezüchtet. Jüngst sind neue Farbschläge wie Shaded Cameo hinzugekommen, die als Rot, Creme, Cream-Shell (im Grunde Cream Chinchilla) sowie Blue-Cream und Tortie vorgestellt werden.

Durch das lange Fell wirken Schildpatt-Perser besonders attraktiv. Die ersten klassifizierten Torties entsprachen dem Standard Schwarz-Rot, doch als man Rote Perser mit Blauen verpaarte, ergab dies Blue-Cream und Blue Torties. Die Schildpatt-mit-Weiß-Perser nannte man in Großbritannien früher »Chintz«. In den USA werden sie noch heute »Calico« genannt, nach dem bedruckten Baumwollstoff gleichen Namens. Die ursprünglichen zweifarbigen Perser (Schwarz, Blau, Rot und Creme mit Weiß) nannte man »Magpie« (Elster) und disqualifizierte sie von Ausstellungen. Heute bilden sie einen eigenen Standard, doch sollen die weißen Partien auf Beine, Pfoten und Unterseite beschränkt bleiben. Da die perfekte Markierung nur schwer zu erzielen ist, zeigt man sich aber großzügig. Eine besondere Varietät – wenn auch genetisch eine Bi-Colour – ist die zweifarbige Persisch Van: Bei ihr sind Körper und Beine weiß, Schwanz und Maske farbig, wobei die Markierung im Gesicht nicht über die Augenlinie oder den Ohransatz hinausgehen darf.

Die Varietäten Shaded und Tipped entwickelten sich aus den älteren Silbertabbys. Das bekannteste Mitglied dieser Gruppe ist zweifellos die meist nur einfach Chinchilla genannte Silber-Chinchilla. Eine der ersten und berühmtesten Chinchillas war Silver

Lambkin, aus dem sowohl Silver- als auch Golden-Chinchillas hervorgingen. Die silberfarbene Varietät wurde zunächst bevorzugt, die goldene ignorierte man, da man sie für eine unerwünschte Zufallspaarung zwischen einfarbigem Perser und Chinchilla hielt. Shaded Silver (in Großbritannien Pewter – Zinn-Perser – genannt) und Shaded Golden sind den Chinchillas ähnlich, lediglich die Spitzenfärbung ist kräftiger, sodass die Farben dunkler erscheinen. In den USA wird die Shaded Silver als Katze mit schwarzer Spitzenfärbung und grünen oder blaugrünen Augen anerkannt und in Rot und Schildpatt als Shaded Cameo und Shaded

Red-Colourpoint Perser

Perser, aufgehelltes Calico, Blue-Tortie-und-Weiß-Tabby

Tortie, während in Großbritannien nur die schwarzen Varietäten (Pewter) anerkannt sind, die orange- oder kupferfarbene Augen haben. Die Golden Perser, die dunkle Spitzen auf apricotfarbenem Grund zeigt, sieht wie eine goldene Ausgabe der Shaded Silver (Pewter) aus und gehört zu den jüngsten Züchtungen. Sie ist eine der attraktivsten Varietäten, die Genetik ihrer Färbung ist aber noch immer umstritten.

Red-Tabby-Perser

Blue-Cream Perser

Blue-Colourpoint Perser

Welche Farbe oder Musterung es auch immer aufweisen mag, es ist das lange, seidige Fell, das die Perserkatze so berühmt machte. Dieses Fell erfordert tägliche, gründliche Pflege, die von der Katze nicht nur genossen wird, sondern die auch das Band zwischen Tier und Besitzer festigt. Die Perser sind für ihre ruhige Art und ihre Anhänglichkeit bekannt. Außerdem garantiert die tägliche Fellpflege durch den Menschen, dass die Katze nicht zu viele ihrer Haare verschluckt, was zu einem Darmverschluss führen kann. Die Perser gilt, da sie eine der passivsten Rassekatzen ist, als die Hauskatze schlechthin, doch zeigt auch sie die typischen Katzeneigenschaften, indem sie ihr Revier bewacht und gern auf die Jagd geht.

Perser, Schildpatt-mit-Weiß

Scottish Fold

Entstehungszeit: 1961
Herkunft: Schottland
Ahnen: Farmkatzen, Britisch und Amerikanisch Kurzhaar
Andere Namen: Highland Fold
Farbschläge: Alle Farben und Muster einschließlich Abzeichen, Sepia und Mink
Felllänge: Kann lang oder kurz sein
Felltyp: Weich, dicht, bei Langhaar vom Körper abstehend
Gewicht: 2,5–6 kg

Shaded-Silver Scottish Fold

Im Gegensatz zu Hunden, bei denen Faltohren häufig vorkommen, sind sie bei Katzen eine Seltenheit. Alle Schottischen Faltohrkatzen gehen auf Susie zurück, eine weiße Katze, die auf einem Bauernhof in Tayside, Schottland, lebte und 1961 zwei Junge mit Faltohren warf. Eines der beiden, ein weißes weibliches Tier namens Snooks, wurde dem Schäfer William Ross und seiner Frau Mary übergeben, die zusammen mit den Genetikern Pat Turner und Pete Dyte ein Zuchtprogramm ins Leben riefen. Man fand heraus, dass Susie das rezessive Langhaar-Gen *(l)* (siehe Seite 49ff.) in sich trug, das auch Kurzhaarkatzen besitzen können und das in späteren Generationen zum Tragen kommt. Langhaarige Scottish Folds sind jedoch selten.

Calico Scottish Fold

Die kurzhaarige Varietät geht auf Snooks zurück, die mit einer Britisch Kurzhaar (siehe Seite 130) verpaart wurde und Snowball, einen weißen Kater, hervorbrachte. 1971 schickte Mary Ross einige ihrer Folds dem Genetiker Neil Todd in Newtonville, Massachusetts, der das Zuchtprogramm mit Britisch und Amerikanisch Kurzhaarkatzen (siehe Seite 138) fortsetzte. Noch heute liegt das Zentrum der Zucht in den USA.

Scottish Folds müssen mit Katzen mit normalen Ohren verpaart werden, denn bei Erbgleichheit kommt es zu Gelenkdeformationen, die sich zeigen, wenn die Jungen vier bis sechs Monate alt sind. Der Grund für die Entstehung der Deformierungen ist noch nicht geklärt, denn sie treten nur bei einem Teil der Katzen auf, auch bei Gleich-zu-Ungleich-Verpaarten. Besonders bei dem Langhaar Folds kann der Defekt unter dem langen Fellkleid unerkannt bleiben, genaue Kontrollen der Schwanzgelenke, die bei betroffenen Tieren Verdickungen aufweisen, sind unerlässlich.

Die Faltohren verdanken die Katzen einem dominanten Gen, das verschiedene Grade der Faltung bewirkt. Von Geburt an vorhanden, kann die Faltung sich stärker ausprägen, wenn die Katze älter wird. Die Urmutter der Folds, Susie, hatte ein »einfaches« (nach vorn gebogenes) Faltohr. Heutige auf Ausstellungen gezeigte Folds haben eine enge dreifache Faltung, wodurch die Ohren eng »wie eine Kappe« am Kopf anliegen und der Kopf gerundet erscheint. Der Eindruck wird durch die kurze, breite Nase und die großen, runden Augen verstärkt.

Die Scottisch Fold ist eine robuste, starke Katze, der die Kälte nichts anzuhaben scheint. Sie ist auch für viele Katzenkrankheiten nicht anfällig. Diese ruhigen, etwas reservierten Katzen sind ausgesprochen sanftmütig. Ihr »trauriger« Blick wird meist zu Unrecht als ein Hinweis auf ihre innere Stimmung interpretiert!

Coupari

Entstehungszeit: 1960er-Jahre
Herkunft: Schottland
Ahnen: Scottish Fold (kurzhaarig), Haus- und Farmkatzen
Andere Namen: Scottish Fold Long-hair (amerikanische CFA), Highland Fold (amerikanische ACFA)
Farbschläge: Alle Farben und Muster einschließlich Pointed, Sepia und Mink
Felllänge: Mittellang
Felltyp: Weich, dicht, vom Körper abstehend
Gewicht: 2,4–6 kg

Coupari ist einer der Namen, den die langhaarige Varietät der Scottish Fold (siehe Seite 117) erhielt. Er leitet sich von dem schottischen Ort Coupar Angus ab, wo es die erste langhaarige Fold gab. Die amerikanische CFA bezeichnet sie als Scottish Fold Long-hair, die ACFA als Highland Fold – obwohl Coupar Angus nicht im schottischen Hochland liegt, was vor allem schottische Züchter zu nicht geringem Spott über die Amerikaner veranlasst.

Seal-Tabby-Point-Coupari

Das hervorstechende Merkmal sowohl der lang- als auch der kurzhaarigen Folds sind die Faltohren, die sich aber bei den Kätzchen erst etwa drei Wochen nach der Geburt zeigen. Im gleichen Wurf kann es auch Junge mit geraden Ohren geben, denn die Faltohren verdanken sich einem unvollständigen Gen und sind das Ergebnis spontaner Mutation. Deshalb sind sowohl lang- als auch kurzhaarige Scottish Folds recht selten. Katzen mit Faltohren sind seit Jahrhunderten bekannt, doch alle Couparis und Scottish Folds gehen auf Susie zurück, eine weiße Katze, die 1961 auf einem Bauernhof in Coupar Angus, nordwestlich von Dundee, zur Welt kam. Susie wurde von William und Mollie Ross »entdeckt«, die die Besitzerin um eines der Jungen von Susie baten, um mit ihm ihre Zucht zu beginnen.

Von Pat Turner und Peter Dyte in den 1960er-Jahren durchgeführte genetische Untersuchungen ergaben, dass Susie Trägerin des Langhaar-Gens war: Es kann von kurzhaarigen Nachkommen getragen und an spätere Generationen weitergegeben werden. Während die kurzhaarige Scottish Fold erfolgreich mit Britisch und Amerikanisch Kurzhaar (siehe Seite 130 ff.) verpaart wurde, fehlten Verpaarungen mit Langhaarkatzen, bis man erkannte, dass die geradohrige Scottish Vannant genau dieselben Gene aufwies – abgesehen von dem für die Faltohren. Die Scottish Vannant konnte also erfolgreich mit beiden Folds verpaart werden, um lang- und kurzhaarige Folds zu erzeugen. Damit wird die Gleich-zu-Gleich-Verpaarung vermieden, die zu einer Gelenkerkrankung (Osteodystrophie) führen kann. Noch immer aber sind Coupari und Scottish Fold sehr selten.

1983, als die britische Cat Association gegründet wurde, gehörte die Scottish Fold zu den ersten Rassen, die den Championship-Status erhielt, im darauf folgenden Jahr erhielt auch die Coupari diesen Status. In Großbritannien sind ihre Züchter heute in der Scottish Breeds Association vereinigt. In den USA ist die Coupari eine Championship-Züchtung, in Großbritannien hat sie lediglich Medaillen-Status. Obwohl sie selbst (noch nicht) offiziell zugelassen ist, darf die Scottish Vannant bereits in der Klasse der Neuzüchtungen vorgestellt werden.

American Curl

Entstehungszeit: 1981
Herkunft: USA
Ahnen: Amerikanische Hauskatzen
Andere Namen: Keine
Farbschläge: Alle einfarbigen und Schildpattfarben, alle Muster von Smoke, Shaded und Tipped, Tabbys und Silbertabbys
Bi-Colours: Classic und Van
Self, Tabby und Tortie-Point
Felllänge: Mittel bis lang (Langhaar)
Felltyp: Seidig mit minimaler Unterwolle, deshalb bei beiden Felllängen eng am Körper liegend
Gewicht: 3–5 kg

Die American Curl kommt sowohl als Lang- als auch als Kurzhaartyp vor. Die kurzhaarige American Curl hat sich erst später entwickelt, da die ursprünglichen Curls alle langhaarig waren, doch viele kurzhaarige das Langhaar-Gen versteckt in sich tragen, sodass in ihren Würfen immer wieder langhaarige Junge vorkommen. Das hervorstechende Merkmal der American Curl sind ihre nach hinten zur Kopfmitte hin gedrehten Ohren, die ihr ein ganz eigentümliches Aussehen verleihen.

American Curl, Braune-Tabby-mit-Weiß

Man unterscheidet bei der Drehung (Curl) drei Grade. Katzen mit geraden Ohren aus einem American Curl-Wurf werden American Curl Straight Ears (erster Grad) genannt und als Hauskatzen weitergegeben. Bei 50-prozentiger Drehung (zweiter Grad) sind sie für die weitere Züchtung geeignet. Der voll ausgebildete Curl (dritter Grad) darf an Ausstellungen teilnehmen. Die Jungen werden mit normal aussehenden Ohren geboren. Nach etwa einer Woche zeigt sich bei etwa der Hälfte des Wurfs der Curl, der sich dann weiter ausprägt. Trotz ihres Erscheinungsbildes sind die Ohren der Curl genauso beweglich wie die aller anderen Katzen.

Die Ahnen der American Curl sind unbekannt. 1981 tauchte ein streunendes schwarzes Langhaarkätzchen mit der typischen Ohrform bei Grace und Joe Ruga in Lakeland, Kalifornien, auf. Nach dem Hirtenmädchen aus dem biblischen Hohenlied nannten sie es Shulamit (die Friedliche). Alle heutigen lang- und kurzhaarigen Curls gehen auf sie zurück.

Im Dezember 1981 brachte Shulamit vier Junge zur Welt, von denen zwei die gewölbten Ohren hatten. Die Rugas erkannten, dass eine neue Rasse begründet werden konnte, denn das Merkmal war dominant.

Braune gestromte American Curl

1983 wurden die Katzen erstmals in Kalifornien ausgestellt und auch bald in den USA anerkannt. 1995 kamen die ersten American Curls nach Großbritannien.

Die American Curl erfreut sich großer Beliebtheit, nicht nur ihres Gesichts wegen, das man aufgrund ihrer walnussförmigen, leicht schrägen Augen gern als »koboldhaft« beschreibt, sondern auch, weil sie trotz aller Unabhängigkeit einen freundlichen Charakter hat. Mäßig bemuskelt und von halbschlankem Bau, hat die Curl kräftige Beine, wobei die Hinterbeine etwas länger sind. Der lange, zum Ende hin spitz zulaufende Schwanz ist buschig befedert. Die Ausstellungsstandards der beiden Varietäten unterscheiden sich lediglich bezüglich der Felllänge.

Braune gestromte American Curl

Kurzhaarrassen

Die Burma ist eine klassische Kurzhaarkatze.

Als sich vor Jahrtausenden domestizierte Katzen von Ägypten aus über die Welt verbreiteten, bildeten sich neue Varietäten heraus, die den jeweiligen klimatischen Bedingungen angepasst waren. In den nordischen Breiten bekamen sie einen gedrungeneren Körperbau und ein dichteres Fell, während die Katzen, die sich in die warmen Klimazonen Asiens ausbreiteten, einen schlanken Körper und einen dünneren Pelz entwickelten. Das kurze Haar ist bei Wildkatzen die Norm. Nur in der extremen Kälte Sibiriens, der Heimat des Sibirischen Tigers, sind Wildkatzen mit längerem Fell anzutreffen. Kurzes Fell lässt sich sehr viel leichter sauber halten, es verfilzt nicht, es setzen sich weniger Parasiten darin fest und es ist bei Katzen genetisch dominant. Trotzdem gibt es Unterschiede, die vom seidig weichen Fell der Rex bis zum dichten doppellagigen Fell der Manx reichen.

Man unterscheidet bei Kurzhaarkatzen drei Kategorien: Britische / Europäische, Amerikanische und Orientalische. Die Britisch Kurzhaar hat einen gedrungenen Körper mit kräftigen, niedrigen Beinen, dichtem

Die schlanke Orientalisch Kurzhaar erfreut sich großer Beliebtheit.

Fell, rundem Gesicht, runden Augen und einer großen Palette an Farbschlägen. Obwohl die Unterschiede zur Europäisch Kurzhaar gering sind, wird diese seit 1982 in eigene Klassen eingeteilt, weil sie etwas schlanker ist als die Britisch Kurzhaar und einen etwas längeren Körper hat. Beide sind jedoch kräftige Katzen mit wunderschönem Fell und angenehmer Wesensart.

Vor rund 2000 Jahren sollen die Römer die ersten domestizierten Katzen nach

Die Amerikanisch Kurzhaar ist genügsam und pflegeleicht.

Die Amerikanisch Kurzhaar ist im Allgemeinen etwas größer als die Britisch/Europäisch Kurzhaar.

Nordeuropa gebracht haben, und es überrascht nicht, dass sich im 19. Jahrhundert, als es Mode wurde, Zuchtkatzen auf Ausstellungen zu zeigen, britische und europäische Züchter auf ihre jeweiligen Heimatrassen konzentrierten.

Kopf und Augen der Orientalisch Kurzhaar sind markant geformt.

Die athletische Amerikanisch Kurzhaar hat besonders lange Beine.

Die Siamkatze gehört zu den bekanntesten und beliebtesten Rassen.

Die reinrassige Amerikanisch Kurzhaar ist größer und athletischer als ihre Verwandten aus der Alten Welt, sie hat längere Beine und einen länglicheren Kopf. Gelegentlich wird die Meinung vertreten, sie sei der rasselosen Katze im Körperbau ähnlicher, doch bei sorgfältiger Zuchtwahl entsprechen Körperbau, Farbschläge und Fell den höchsten Qualitätsstandards.

Die Orientalisch Kurzhaar unterscheidet sich vollkommen von ihren okzidentalen Vettern, denn diese Katzen sind sehr schlank und grazil, sie haben lange, dünne Beine, einen ausgesprochen keilförmigen Kopf, lange, spitz zulaufende Ohren sowie weit gestellte, schräge Augen.

Bei der ersten im 19. Jahrhundert abgehaltenen Katzenschau herrschten Kurzhaarrassen vor, denn es waren bereits einige Siamesen eingeführt worden. Zum Ende des Jahrhunderts hatte sich die Situation drastisch gewandelt, nun standen die langhaarigen Perser hoch im Kurs. Bei den Ausstellungen kamen vier Langhaarkatzen auf eine Kurzhaar und bis heute pflegen die Langhaarkatzen mit ihrem exotischen Flair den Kurzhaarvertretern die Schau zu stehlen.

Die Britisch Kurzhaar gehört zu den widerstandsfähigen Rassen.

Allerdings haben die britischen, europäischen und amerikanischen Kurzhaarkatzen als Haustiere ihre Vorteile. Sie sind widerstandsfähig, von ihrem Wesen her dem Familienleben gut angepasst, weniger aufgeregt und leichter zu pflegen.

Die Exotisch Kurzhaar ist eine neue Züchtung, die Merkmale der Kurz- und der Langhaarkatzen vereint.

Britisch Kurzhaar

Entstehungszeit: Um 1880
Herkunft: Großbritannien
Ahnen: Haus-, Hof- und Straßenkatzen
Andere Namen: Tipped-Farbschläge wurden früher als Chinchilla Kurzhaar bezeichnet
Farbschläge:
- **Einfarbig:** Weiß, Creme, Blau, Blue-Cream, Schwarz, Chocolate, Lilac und Rot
- **Tabby (gestromt, getigert und getupft):** Silber, Braun, Rot, Creme und Blau
- **Spotted:** Rot, Braun, Silber und alle anderen Tabbyfarben
- **Schildpattfarben:** Blue-Cream, Chocolate- und Lilac-Tortie
- **Bi-Colour:** Alle einfarbigen und Tortie-Farben mit Weiß
- **Smoke und Tipped:** Wie einfarbig und Schildpatt **Colourpoint:** Wie einfarbig, Schildpatt und Tabby

Felllänge: Kurz
Felltyp: Dicht, leicht borstig oder drahtig
Gewicht: 4–8 kg

Lilac-Tortie Britisch Kurzhaar

Auf alle europäischen Katzenrassen hat sich der Zweite Weltkrieg ausgewirkt, doch, so heißt es manchmal, auf keine so sehr wie auf die Britisch Kurzhaar. In den ersten Nachkriegsjahren gab es nur noch wenige Stammbaumkater. Viele Züchter verpaarten ihre Katzen deshalb mit Katern des orientalischen Typs und so wäre der gedrungene Körperbau fast verloren gegangen. In den 1950er-Jahren begann man, Blaue Perser einzukreuzen, was dazu führte, dass einige Jungkatzen ein weicheres Fell und eine rundere Kopfform bekamen. Die Standards für Britisch und Europäisch Kurzhaar verlangen eine gerade Nase – schwierig zu erreichen, wenn man mit Persern verpaart, auch wenn die eingekreuzten Perser nicht ganz so flachnasig waren wie die amerikanischen. Ein besonderes Merkmal unterscheidet die Britisch Kurzhaar von anderen Kurzhaarkatzen: Mehr als die Hälfte haben Blutgruppe B.

Anfangs erfreuten sich die einfarbigen Exemplare der größten Beliebtheit, vielleicht weil die Einfarbigkeit unter den rasselosen Hauskatzen so selten ist. Unter den Self-Farben war wiederum Blau (eigentlich ein Schiefergrau) am meisten geschätzt und ist es noch heute. Der blauen Britisch Kurzhaar wird daher manchmal ein Sonderstatus unter der Bezeichnung »British Blue« eingeräumt. Die ideale Britisch Kurzhaar hat ein rundes Gesicht mit vollen Wangen, einen gedrungenen Körper mit kräftigen, breiten Schultern, breiter Brust und stämmigen, kurzen Beinen. Die weit stehenden Ohren sind klein mit gerundeten Spitzen, die Nase ist gerade und kurz, wobei der Nasenspiegel mit der Fellfarbe variiert. Bei den einfarbigen Britisch Kurzhaar sind die runden Augen kupfer-, orange- oder goldfarben. Nur bei der weißen sind die Augen blau oder zweifarbig. Durch die genetische Verknüpfung sind die blauäugigen weißen Katzen meist taub, ein Mangel, der bei der weißen mit orangefarbenen Augen nicht auftritt. Allerdings ist ein perfekt weißes Fell selten.

Black-Smoke-Tortie Britisch Kurzhaar

Blau getupfte Britisch Kurzhaar

Zimtfarbene Britisch Kurzhaar

Lilac-Tortie Britisch Kurzhaar

Die seit 1920 anerkannte cremefarbene Britisch Kurzhaar ist schwer zu züchten, denn das erwünschte Cream ohne alle Markierungen ist selten. Oft ist die Färbung einen Stich zu rot und es zeigen sich Tabbystreifen auf Gesicht und Schwanz. Schildpattkatzen hingegen sind häufig, doch auch hier ist die dem Standard gemäße Züchtung nicht leicht, weil die Farben leuchtend, nicht ausgebleicht sein sollen und keine Tabbymuster vorkommen sollen. Nasenspiegel und Ballen müssen mit der Fellfarbe der Torties korrespondieren. Selbst unter den günstigsten Bedingungen enthält ein Wurf oft nur ein Schildpattkätzchen, denn die Färbung ist genetisch auf das weibliche Geschlecht beschränkt – die sehr seltenen Schildpatt-Kater sind unfruchtbar. Der Farbschlag Schildpatt-mit-Weiß, in den USA Calico genannt, zeichnet sich durch deutliche Flecken in Rot und Schwarz aus, denn aus einem noch nicht bekannten Grund wirkt sich das Bi-Colour-Gen auf das geschlechtsgebundene Rot-Gen aus, was dazu führt, dass die »reine« Schildpattfärbung zusammen mit Weiß fast nicht zu erzielen ist. Der Standard erfordert, dass sich die verschiedenen Farbanteile die Waage halten.

Lilac-Tortie Britisch Kurzhaar

Blue/Silver Britisch Kurzhaar

Die Tabby-Kurzhaar, ob gestromt, getigert oder getupft, soll dichte, klar definierte Markierungen aufweisen. Bei keiner der drei darf das typische Tabby-M auf der Stirn fehlen (der Legende nach soll der Prophet Mohammed es einer Tabbykatze aufgedrückt haben) und eine ununterbrochene Linie soll von den Augenwinkeln nach außen laufen. Ansonsten unterscheiden sich die Tabbyzeichnungen je nach ihrer Art. Brown Tabby (zobelbraun mit schwarzer Markierung) war die ursprüngliche Tabbyfarbe, ist aber heute selten und wurde von Red Tabby abgelöst (rot mit dunkelroten Markierungen, ziegelrotem Nasenspiegel und Ballen). Wie die einfarbigen Britisch Kurzhaar haben auch die Tabbys meist kupferfarbene Augen, bis auf die Silbertabbys, deren Augen meist grün oder haselnussbraun sind. Das

Weiße Britisch Kurzhaar

Zweifarbige Britisch Kurzhaar

Schwarze Britisch Kurzhaar

Wort »Tabby« soll von der Stadt Attabiya, in der Nähe von Bagdad im Irak, abgeleitet worden sein, die berühmt war für die Herstellung eines hellen, silberfarbigen Stoffes, dessen Muster auch die einheimischen Katzen aufwiesen.

Schildpatt Britisch Kurzhaar

Fawnfarbene Britisch Kurzhaar

Die Spotted Britisch Kurzhaar ähnelt vom Fell her der getigerten Tabby, doch sind ihre Streifen punktartig unterbrochen. Dieses auffällige Muster kennt man seit 1880. Während Schwarz die beliebteste Farbe war und nach wie vor ist, gibt es auch Varietäten in Silber, die statt der üblichen kupfer- oder orangefarbenen Augen grüne oder haselnussbraune Augen haben. Die Smoke, die ein einfarbiges schwarzes oder blaues Deckfell über weißem Unterfell hat, wurde gegen Ende des 19. Jahrhunderts durch eine Kreuzung aus Silbertabby und einfarbiger Britisch Kurzhaar entwickelt. Zwei Gene sind für das Fell der Smoke verantwortlich: Das eine verhindert die Färbung der Unterwolle, das andere intensiviert die Färbung der Leithaare. Die Wirkung ist einmalig, denn wenn sich die Katze bewegt, blitzt das weiße Unterfell auf und es entsteht der typische, schimmernde Smoke-Effekt.

Blue/Cream Britisch Kurzhaar

Cream-Colourpoint Britisch Kurzhaar

Britisch Kurzhaar, Black / Chocolate / Lilac-Tortie

Die Colourpoint ist das Ergebnis einer Verkreuzung mit orientalischen Rassen. Die dunkelste, die Seal Colourpoint, bewahrt ihre physischen Charakteristika als Britisch Kurzhaar, weist aber das exotische Fellmuster der Siam auf. Das Gen für das satte Braun der Chocolate Self stammt ursprünglich von orientalischen Rassen und wurde von dort auf Perser und Britisch Kurzhaar übertragen. Die Tipped Britisch Kurzhaar, bis 1978 als Chinchilla Kurzhaar bezeichnet, war das Ergebnis von Verpaarungen mit Chinchilla Langhaarkatzen. Da es einige Monate dauert, bis sich das Erwachsenenfell bildet, kann man diese »Langhaar-Ahnenschaft« bei den Jungkatzen noch sehen. Nicht alle der neuen Farbschläge sind anerkannt.

Rot-Silber getupfte Britisch Kurzhaar

Braun getupfte Britisch Kurzhaar

Alle Britisch Kurzhaarkatzen, wie auch immer sie gefärbt oder gemustert sein mögen, sind angenehme, intelligente, liebevolle, knuddelige Haustiere und es fällt schwer, sie nicht zu streicheln und zu hätscheln!

Britisch Kurzhaar, Silbertabby

Black-Tipped Britisch Kurzhaar

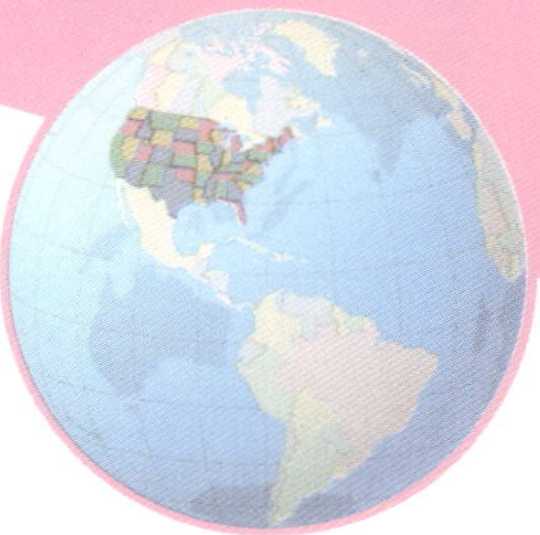

Amerikanisch Kurzhaar

Entstehungszeit: Um 1900
Herkunft: USA
Ahnen: Hauskatzen
Andere Namen: Früher Domestic Shorthair
Farbschläge:

- **Einfarbig und Schildpatt:** Schwarz, Rot, Blau, Creme, Weiß, Schildpatt und Blue-Cream
- **Smoke:** Schwarz, Cameo, Blau, Schildpatt und Blue-Cream
- **Shaded und Tipped:** Farben wie einfarbig und Schildpatt außer Weiß
- **Tabby (gestromt und getigert):** Braun, Rot, Blau, Creme, Brown-Patched, Blue-Patched
- **Tabby-Bi-Colour:** Alle Tabbyfarben mit Weiß
- **Shaded Tabby:** Farben und Muster wie Standard-Tabby
- **Bi-Colour (Standard und Van):** Farben wie einfarbig und Schildpatt außer Weiß
- **Smoke, Shaded, Tipped Bi-Colour:** Black, Cameo, Blue und Tortoiseshell-Smoke, Shaded-Cameo, Shell-Cameo mit Weiß.
- **Silbertabby Bi-Colour:** Silver-Tabby, Cameo-Tabby, Silver-Patched-Tabby mit Weiß

Felllänge: Kurz
Felltyp: Dick, kräftige Textur
Gewicht: 3,5–7 kg

Amerikanisch Kurzhaar, braun gestromte Tabby

Die ersten Hauskatzen befanden sich wahrscheinlich an Bord der Mayflower und kamen mit den Pilgervätern nach Nordamerika. Wie ihre europäischen Vettern dienten sie wohl zunächst lediglich als nützliche Schädlingsjäger; eine gezielte Züchtung setzte auch hier erst später ein.

Als im 19. Jahrhundert die ersten Ausstellungen stattfanden, dominierten die sanften Riesen der Katzenwelt, die langhaarige Maine Coon. Doch die harten Umweltbedingungen machten die amerikanischen Kurzhaarkatzen zu widerstandsfähigen, ausdauernden, intelligenten Tieren, denen sich schließlich auch Züchter zuwandten. Durch Verpaarungen mit Britisch Kurzhaar-Rassekatzen entstand die eigenständige Rasse der robusten Amerikanisch Kurzhaar. Da es in den Vereinigten Staaten mehr natürliche Jäger gab als in Europa, entwickelte sich die Amerikanisch Kurzhaar zu einer größeren Katze als ihre europäischen Vettern.

Die Geschichte der Amerikanisch Kurzhaar soll um 1900 begonnen haben, als ein Red-Tabby-Rassekater mit dem sehr femininen Namen Belle von England nach Amerika verbracht und dort als erste Kurzhaarkatze mit Stammbaum bei der CFA registriert wurde. Die erste Amerikanisch Kurzhaar war also eigentlich eine ausgewanderte British Kurzhaar! Bald folgten Belle weitere Exemplare über den Atlantik, darunter der Silbertabby-Kater Pretty Correct, und es dauerte nicht lang, bis amerikanische Züchter ihre eigenen Tiere registrieren ließen. Die erste echte Amerikanisch Kurzhaar war Buster Brown, ein Black-Smoke-Kater, der, so heißt es, am 15. Januar 1904 geboren wurde.

Zunächst wurde die Rasse einfach »Shorthair« genannt, später dann »Domestic Shorthair« – und so nennen einige Züchter sie noch heute, obwohl die offizielle Bezeichnung inzwischen Amerikanisch Kurzhaar lautet. Eine breite Palette von Farbschlägen und Mustern wird anerkannt. Lange Zeit wurden auch stammbaumlose Katzen, die den Standards entsprachen, registriert – das vergrößerte den Gen-Pool der Rasse, ist aber heute nicht mehr erlaubt. Doch noch 1971 wurde eine solche Katze von der CFA zur Amerikanisch Kurzhaar des Jahres gekürt. Den Standards der CFA zufolge muss eine Amerikanisch Kurzhaar den »allgemeinen Eindruck einer durchtrainierten, athletischen Katze« machen.

Der Körper der Amerikanisch Kurzhaar ist kompakt, kräftig und muskulös, wenn auch nicht ganz so gedrungen wie der der Britisch Kurzhaar. Die Beine sind mittellang (etwas länger als bei der Britisch) und gut mit Muskeln versehen, was sie zu einer ausgezeichneten Jägerin macht. Der Kopf ist groß, etwas länger als breit, mit vollen Wangen. Die rundlichen Augen stehen ganz leicht schräg. Der mittellange Schwanz ist am Ansatz breit und läuft in runder Spitze aus. Das Fell ist kurz, dicht und von ziemlich harter Textur. Seidige, flauschige Felle sind bei den Ausstellungen absolut nicht erwünscht!

Die bekanntesten Vertreter der Amerikanisch Kurzhaar sind zweifellos die Silbertabbys, auf deren Grundfarbe, einem blassen Silbergrau, Markierungen in sattem Tiefschwarz prangen. 1965 wurde eine Silbertabby zur US-amerikanischen Katze des Jahres gewählt. Dies war der Auslöser dafür, die Bezeichnung Domestic Shorthair zugunsten des angemesseneren Namens Amerikanisch Kurzhaar aufzugeben.

Während die CFA nur das gefleckte und das getigerte Tabbymuster anerkennt –

Muster, die unter den eingewanderten Ahnen der Rasse vorherrschten –, lässt die TICA auch das getupfte und das gebänderte Tabbymuster zu.

Amerikanisch Kurzhaar, Silbertabby

Die Amerikanisch Kurzhaar ist nicht nur für ihre Widerstandskraft berühmt, sondern auch für ihr ruhiges Wesen, ihre exzellenten Jagdeigenschaften und ihre Intelligenz. Anspruchslos, was das Futter angeht, und leicht großzuziehen, ist die Amerikanisch Kurzhaar eine ideale Hauskatze.

Amerikanisch Kurzhaar, gestromte Silbertabby

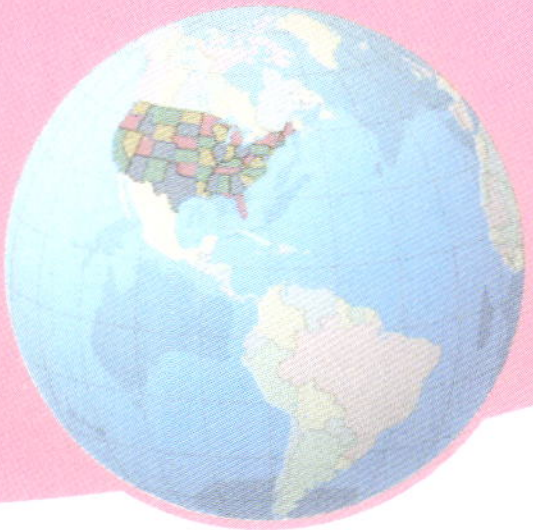

Exotisch Kurzhaar

Entstehungszeit: 1960er-Jahre
Herkunft: USA
Ahnen: Perser und Amerikanisch Kurzhaar
Andere Namen: Keine
Farbschläge: Alle Farben und Muster einschließlich Sepia, Pointed und Mink
Felllänge: Nicht ganz mittel, etwas länger als Kurzhaar
Felltyp: Doppellagig, weich, plüschig, vom Körper abstehend
Gewicht: 3–6,5 kg

Die Exotisch Kurzhaar ist sozusagen eine »kurzhaarige Langhaarkatze« oder eine kurzhaarige Perser (siehe Seite 107), denn sie hat den gedrungenen Körper und das flache »Teddybärengesicht« der Perserkatze, aber ein ausgesprochen originelles Fell, das weder ganz kurz noch halblang ist. Um es in guter Form zu halten, sollte man es mindestens zweimal wöchentlich kämmen. Die wunderschöne Exotisch Kurzhaar ist nicht nur eine relativ junge Rasse, sie ist auch sehr selten, denn die Würfe enthalten sehr viele langhaarige Junge.

Schon seit einigen Jahren hatten amerikanische Züchter Perser mit Amerikanisch Kurzhaar verpaart. 1967 entschied man, den Katzen dieser gemischten Herkunft

Silver-Tipped Exotisch Kurzhaar

Schwarze Exotisch Kurzhaar

einen eigenen Rasse-Namen zu geben und sie von der reinen Amerikanisch Kurzhaar fernzuhalten. Die Eltern einer Exotisch Kurzhaar müssen also entweder ein Perser und eine Amerikanisch Kurzhaar oder zwei Exotisch Kurzhaar sein. Das Ergebnis ist jeweils eine richtige »Schmusekatze«. Doch ist es nicht allein das seidige Fell, das die Rundheit erzeugt, es sind auch die kräftigen Muskeln.

Die Exotisch Kurzhaar hat einen mittelgroßen bis großen gedrungenen Körper mit kurzen, stämmigen Beinen. Der große Kopf ist rund mit vollen Wangen und flacher Nase. Da die Exotisch Kurzhaar die typischen anatomischen Probleme der Perser erbt – übermäßiger Tränenfluss, blockierte Nasengänge, Gebissanomalien –, verlangt der britische Standard, dass der Nasenspiegel der Exotisch Kurzhaar unterhalb der Augenlinie liegt, denn Gesundheit soll vor Aussehen stehen.

Die Exotisch Kurzhaar vereint in sich die Vorzüge beider Elternrassen und ist eine liebenswerte, ruhige Katze.

Exotisch Kurzhaar, getigerte Cream-Tabby-mit-Weiß

Cremefarbene Exotisch Kurzhaar

Ein gleichmäßiges Fell ist bei Ausstellungen ein Muss, die zarteste Andeutung von Haarbüscheln an Ohren oder Zehen oder Befiederung am Schwanz wird als mindernd gewertet. Tabbys dürfen gestromt, getigert oder getupft sein – anders als bei Persern, bei denen nur die gestromten zugelassen sind. Die Masken aller drei Muster sind gleich, nur die Körpermarkierungen variieren. Während bei den Persern die Tiere mit Abzeichen eine eigene Gruppe bilden, sind sie bei den Exotisch Kurzhaar in die einzelnen Farben integriert. Alle Abzeichen sollen gleichmäßig abgestimmt sein, die Maske soll das ganze Gesicht bedecken. Bei den Torties verlangt der Standard eine ausgewogene, sanft verlaufende Farbmischung, alle vier Füße und der Schwanz müssen beide Farben aufweisen. Da das Schildpattmuster schwer zu züchten und kaum vorhersagbar ist, sind einige herausstechende Flecken und farbige Blessen im Gesicht erlaubt.

Black-Smoke Exotisch Kurzhaar

Kartäuser

Entstehungszeit: Vor dem 18. Jahrhundert
Herkunft: Frankreich
Ahnen: Hauskatzen
Andere Namen: Chartreux
Farbschläge: Nur einfarbig Blau
Felllänge: Kurz
Felltyp: Seidig glänzend, dichte Unterwolle
Gewicht: 3–7,5 kg

Blaue Kartäuser

Wahrscheinlich gelangten die Vorfahren der Kartäuser während des Mittelalters per Schiff von Syrien nach Frankreich. Bereits 1558 wird die Rasse schriftlich erwähnt, Mönche vom Orden der Kartäuser sollen sie in ihrem Kloster La Grand Chartreuse – das auch für seinen gleichnamigen Likör berühmt ist – gezüchtet haben. In einem französischen Handelslexikon von 1723 wird eine Katze mit blauem Fell beschrieben und als »Chartreux« bezeichnet.

Der Naturforscher Carl von Linné (1707–1778) erkannte in der Chartreux eine eigene Varietät und Georges Louis Leclerc, Comte de Buffon (1707–1788), bezeichnete sie als »die Katze Frankreichs« und gab ihr einen eigenen wissenschaftlichen Namen: *Felis catus cartusianorum.* Eine sehr schöne Beschreibung der Kartäuser lieferte die französische Schriftstellerin Colette (1873–1954), die von ihrer eigenen Katze schrieb: »Die Sonne spielte auf ihrem Kartäuserfell, das Mauve und Blau war wie der Hals einer Ringeltaube.«

Die Schwestern Leger aus der Bretagne waren die ersten Katzenliebhaber, die 1931 Kartäuser bei einer Ausstellung in Paris zeigten.

Die Kartäuser hat einen massigen Körper, einen breiten, aber nicht so runden Kopf wie die Blaue Britisch Kurzhaar und ein etwas mehr ins Silber changierendes Fell. Während des Zweiten Weltkriegs starb sie fast aus, wurde aber durch Fremdkreuzung zwischen überlebenden Kartäusern, Blauen Persern und British Blue wiederbelebt. Eine Zeit lang machte die FIFé keinen Unterschied zwischen der Kartäuser und der British Blue und subsummierte sie noch in den 1970er-Jahren unter diese Klasse. Heute werden die beiden Rassen deutlich getrennt.

Die Kartäuser ist weder gedrungen noch schlank – etwas uncharmant wird sie manchmal als »Kartoffel auf Streichhölzern« beschrieben, denn ihre stämmigen, kurzen Beine sind dünn und die runden Pfoten sind im Verhältnis zum Körper klein. Der Kopf ist breit, eher eckig und mit hoher Stirn, die hoch ansitzenden mittelgroßen Ohren haben gerundete Spitzen. Trotz ihrer kleinen Schnauze hat sie kein schmales Gesicht, weil die Wangen voll sind und sie, zumal im Alter, zur Wammenbildung neigt.

Der dunkle Nasenspiegel passt genau zur Fellfarbe, die runden Augen sind gold- oder kupferfarben. Auf viele Katzenfreunde wirkt sie unwiderstehlich. Für die Kartäuser wurde ein interessantes System der Benennung eingeführt, die Namen eines jeden Jahrgangs beginnen mit jeweils demselben Buchstaben des Alphabets – mit Ausnahme von K, Q, W, X, Y und Z. Die Namen der im Jahr 2003 geborenen Tiere beginnen alle mit U.

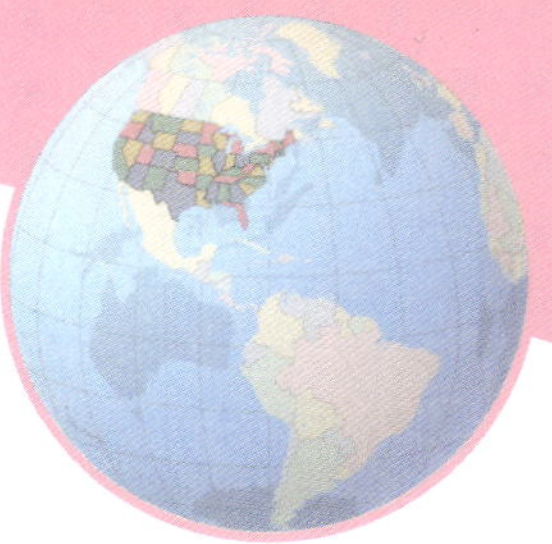

American Wirehair

Entstehungszeit: 1966
Herkunft: USA
Ahnen: Farmkatzen, Amerikanisch Kurzhaar
Andere Namen: Keine
Farbschläge:
- **Einfarbig und Schildpatt:** Schwarz, Rot, Blau, Creme, Weiß (Augen Blau, Gold oder zweifarbig), Schildpatt und Blue-Tortie
- **Smoke:** Schwarz, Rot und Blau
- **Shaded und Tipped:** Shaded-Silver, Shaded-Cameo, Chinchilla-Silver und Shell-Cameo
- **Tabby (gestromt und getigert):** Braun, Rot, Blau und Creme
- **Shaded Tabbies:** Silber, Cameo
- **Bi-Colour:** Self- und Tortiefarben mit Weiß

Felllänge: Mittellang
Felltyp: Elastisch, fest und dicht, rau, ein wenig wie Lammfell (im Fall von Nässe stellt sich der Effekt erst nach Tagen wieder ein). Gewellte Schnurrhaare
Gewicht: 3,5–7 kg

American Wirehair, braune Tabby

Außerhalb ihrer Heimat USA ist diese seltene Katze, die zu den wenigen gehört, die in den Staaten gezüchtet wurde, kaum bekannt. Die Rasse stammt von einem Kätzchen ab, das 1966 auf einer Farm nahe Vernon im Bundesstaat New York geboren wurde. Im Wurf der Farmkatzen Bootsie und Fluffy befand sich ein männliches Junges mit spärlichem, sehr drahtigem Fell. Die Besitzer übergaben dieses sowie ein weibliches Kätzchen aus dem Wurf dem Züchter John O'Shea, der mit den beiden ein Zuchtprogramm ins Leben rief, um die Besonderheit des Fells zu erhalten und eventuell eine neue Rasse zu begründen.

Genetische Tests ergaben, dass es sich tatsächlich um eine spontane Mutation handelte, die eine spezifische Veränderung der Haare bewirkte. Das einzelne Haar ist dünner, gekräuselt, geknickt oder an der Spitze

Rote American Wirehair

Rote American Wirehair

gebogen, was einen drahtigen, rauen Effekt erzeugt. Insofern unterscheidet sich das Fell von dem anderer Katzen mit lockigem Fell, etwa der Rex, deren Pelz sich sehr weich anfühlt, wohingegen die American Wirehair »drahtiger« ist als der Drahthaarterrier!

Das erwähnte männliche Junge, ein rot-weißer Bi-Colour, wurde Adam genannt und nach der Geschlechtsreife mit dem weiblichen Tier – angeblich eine Brown-Tabby-mit-Weiß, wahrscheinlich aber eher eine Brown Torbie – aus demselben Wurf verpaart. Der am 7. Juli 1967 geborene Wurf von vier Jungen enthielt zwei weibliche rot-weiße Bi-Colour-Kätzchen mit drahtigem Fell. Eines starb, das andere, Amy genannt, wurde mit Adam verpaart. Es kamen eine Reihe weiterer drahthaariger Kätzchen zur Welt, darunter Barberry Ellen, die erste reinerbige (homozygote) American Wirehair, die 1969 geboren wurde. Adam wurde auch mit einer nicht verwandten weißen Kurzhaarkatze verpaart, und auch aus diesem Wurf gingen Katzen mit dem typisch rauen Fell hervor, was den Beweis erbrachte, dass das zuständige Gen dominant war. Sofern ein Elternteil das Wirehair-Gen trägt, wird der Wurf Junge mit diesem Fell enthalten.

Die Wirehair-Jungen sind schon bei der Geburt leicht zu erkennen: Die Fellhaare sind gebogen und stehen in alle Richtungen ab, auch die Schnurrhaare sind schon gewellt. Sind die Fellhaare länger, zeigen sie eine Kräuselung, kurze Haare wirken strubbeliger. In jedem Fall ist die typische Textur innerhalb eines Jahres voll ausgebildet.

1967 legte die CFA ihre Zuchtstandards fest. Sie verlangen, dass American Wirehairs aller Farbschläge (ausgenommen Silber) leuchtend goldene Augen haben. Die TICA ist weniger strikt und verlangt keine Verbindung zwischen Fell- und Augenfarbe. Ein gerundeter Kopf mit hohen Wangenknochen, ein gerader Rücken, gerundeter Torso, stämmige, mittellange Beine mit rundlichen Pfoten und ein sich verjüngender Schwanz mit gerundeter, aber nicht stumpfer Spitze sind die von allen Verbänden geforderten charakteristischen Merkmale der American Wirehair. Besitzer dieser Katzen beschreiben sie als sehnig, muskulös, intelligent und fähig, das ganze Haus (und andere Katzen) mit »eiserner Pfote« zu regieren. Zugleich aber sei sie entspannt, neige kaum zu zerstörerischem Verhalten und nehme vor allem das ungeschickte Zupacken von Kindern nicht übel.

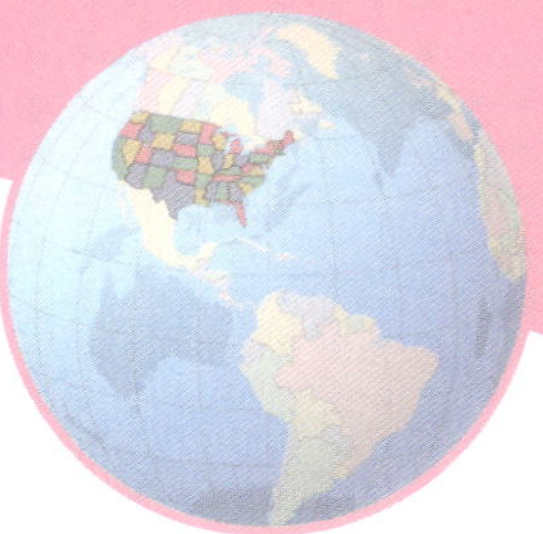

Snowshoe

Entstehungszeit: 1960er-Jahre
Herkunft: USA
Ahnen: Siam, Amerikanisch Kurzhaar
Andere Namen: Silver Laces
Farbschläge:
- **Mitted:** Seal, Chocolate, Lilac und Blau
- **Bi-Colour:** Wie Mitted mit Weiß

Felllänge: Kurz
Felltyp: Voll und dicht, weiße Pfoten mit Siam-Abzeichen
Gewicht: 2,5–5,5 kg

Die Snowshoe (Schneeschuh), nach ihren typischen weißen Pfoten benannt, vereint die Abzeichen der Siam (siehe Seite 161) mit weißen Partien. Die weißen »Stiefelchen« erinnern an die der langhaarigen Birma (siehe Seite 70), doch die Snowshoe hat einen längeren Kopf, als er bei der Birma erwünscht ist, was wohl auf die eingekreuzten Kurzhaarrassen zurückzuführen ist.

Snowshoe, Seal-Point-und-Weiß

Snowshoe, Seal-Point-und-Weiß

In den 1960er-Jahren verpaarte Dorothy Hinds-Daugherty ihre Siam mit Amerikanisch Kurzhaar. Das Ergebnis traf bei Siamzüchtern auf wenig Zustimmung, denn die weißen Zehen der Neuzüchtung galten bei den Siam als »Fehler«, den man mühsam ausgezüchtet hatte. Es könnte sein, dass der Fehler von den Siam-Ahnen der Amerikanisch Kurzhaar geerbt ist. Außerdem waren einst die Abzeichen das hervorstechende Merkmal allein der Siam – heute werden solche Colourpoints bei vielen Rassen anerkannt, sogar gewünscht.

Die Snowshoe ist eine mittelgroße Katze mit orientalischen Zügen – was sich am schlanken, dennoch muskulösen Körperbau zeigt, am leicht keilförmigen Kopf, den ovalen blauen Augen und den großen, spitz zulaufenden Ohren. Die mittelgroßen Pfoten sind oval, die Ballen je nach Fellfärbung rosa oder grau, der mitteldicke Schwanz verjüngt sich leicht. Das Fell der Snowshoe ist kurz und glatt und liegt dicht am Körper an.

Man unterscheidet zwei Fellmuster: Mitted und Classic. Bei der klassischen Varietät reichen die weißen »Stiefelchen« an den Vorderbeinen nur bis zum ersten Gelenk, an den Hinterbeinen dürfen sie höher hinaufreichen. Insgesamt darf der Weißanteil ein Drittel der Körperfläche nicht übersteigen – eine Ausnahme bildet nur die Seal Bi-Colour, wo das Weiß zwei Drittel ausmachen soll – und sie soll keine isolierten weißen Flecken haben, obwohl das Weiß im Gesicht

Blue-und-White-Point Snowshoe

erwünscht ist. Das weiße umgekehrte V im Gesicht der Snowshoe, das die Schnauze umfasst und dessen Spitze zwischen die Augen reicht, ist sogar bestimmendes Merkmal, zu welcher Kategorie sie gehört. Hat sie dieses V, gehört sie zur Abteilung klassisch zweifarbig, alles andere gehört zum Bereich »Mitted«. Die Jungen werden weiß geboren, und es kann zwei Jahre dauern, bis die Fellzeichnung voll ausgebildet ist. Mit dem Alter dunkelt sie dann weiter nach.

Die ausgesprochen schöne Katze ist gesprächig, hat aber eine weichere Stimme als die Siam. Bis in die 1980er-Jahre blieb sie relativ unbekannt. 1983 wurde sie von der TICA anerkannt. Obwohl sie zu Recht an Beliebtheit gewann, ist sie außerhalb der USA noch immer selten.

Abessinier

Die außerordentlich schönen Abessinier gehören zur ältesten Katzenrasse der Erde und sind wahrscheinlich auch die bekannteste. Die Abessinier stellt ebenso wie ihre langhaarige Verwandte, die Somali (siehe Seite 100), insofern eine Besonderheit dar, als ihr Fellmuster auf ein Gen zurückgeht,

Entstehungszeit: 1860er-Jahre
Herkunft: Äthiopien (ehemals Abessinien)
Ahnen: Äthiopische Haus- und Straßenkatzen
Andere Namen: Keine
Farbschläge:
- **Tabby (gebändert):** Ruddy (Usual), Rot (Sorrel), Blau, Fawn, Lilac, Creme, Chocolate-Tortie, Cinnamon-Tortie, Blue-Tortie, Lilac-Tortie und Fawn-Tortie
- **Silbertabby (gebändert):** Silber, Silber-Sorrel und Silber-Blau

Felllänge: Kurz
Felltyp: Glänzend und dicht, Bänderung durch mindestens vier Farbstreifen auf jedem Haar
Gewicht: 4–7,5 kg

Abessinier

Blue/Silver Abessinier

Ruddy (Usual) Abessinier

das bei keiner anderen reinen Rasse gefunden wird. Man bezeichnet das Gen als das Abessinier-Gen T^a. Das Gen gehört zur Agouti-Serie der Allele und bewirkt, dass jedes einzelne, grundsätzlich helle Haar mehrere, in gleichmäßigem Abstand verlaufende dunkle Bänderungen aufweist. Im Ergebnis wird daraus das wunderbar »gebänderte« Fell, das dem der wilden afrikanischen Falbkatze ähnelt und dieser Katze ihre ausgezeichnete Tarnung verleiht. Die Überbleibsel dieser Tabbymarkierung zeigen sich am Kopf und manchmal an Beinen und Schwanz der Abessinier, die auch eine einmalige Körperform aufweist: Sie ist mittelgroß, schlank und muskulös und obgleich ganz eindeutig vom orientalischen Typ, sind diese Merkmale nicht so ausgeprägt wie bei der Siam (siehe Seite 161). Wie bei vielen älteren Rassen ist auch bei der Abessinier die genaue

Herkunft ungeklärt. Manche führen sie auf die Falbkatze, die Hauskatze der alten Ägypter, zurück, denn sie ähnelt den Katzen, die auf altägyptischen Wandmalereien abgebildet sind. Die erste Abessinier, sie hörte auf den Namen Zula, gelangte 1868 durch englische Soldaten nach Großbritannien. Es ist gut möglich, dass man Zula zusammen mit anderen Katzen unbekannter Herkunft zu Zuchtzwecken verwendete, denn zu jener Zeit war nicht nur das Interesse an Afrika groß, sondern ganz allgemein an allen wissenschaftlichen Fragen. Zulas Fellfärbung dürfte dem entsprochen haben, was heute in den USA als Ruddy und in Großbritannien als Usual bezeichnet wird. Bei dieser Fellfarbe ist die Unterwolle apricotfarben oder von bräunlichem Orange, die Leithaare sind goldbraun mit schwarzer Bänderung, was so sehr an das Fell eines Hasen erinnert, dass man die Farbe in Frankreich als Lièvre (hasenfarben) bezeichnet. Genetisch gesehen sind Ruddy (Usual) Abessinier schwarze Katzen, deren Röte sich Polygenen für Fuchsrot verdankt. Diese Gengruppe beeinflusst die Farbe Orange

Rote Abessinier

Fawn / Silver Abessinier

dahingehend, dass sie sich zu einem tieferen Rot wandelt. Auch auf andere Pigmente nehmen die Polygene Einfluss und so kommen die intensiven Kastanienfärbungen der Tabbys zustande, die auf Ausstellungen so viel Bewunderung finden.

Doch es kommen auch andere Farben vor. Die Rote Abessinier, offiziell Sorrel Abessinier genannt, wurde 1887 als kupferrot mit schokoladenbrauner Bänderung bei aprikosenfarbener Unterwolle beschrieben. Grund für die Umbenennung war die

Sorrel/Silver Abessinier

Erkenntnis, dass die Färbung der Abessinier nicht auf das geschlechtsgebundene Rot-Gen zurückzuführen war, sondern auf das rezessive Gen für Hellbraun *(bl)*. Die Bezeichnung »Rot« ist denjenigen Abessiniern vorbehalten, die durch Züchtung das geschlechtsgebundene Gen für Rothaarigkeit besitzen. Einen ähnlichen Namenswechsel gab es bei den Cream Abessiniern. Auch hier stellte man fest, dass es sich nicht um das geschlechtsgebundene Cream handelte, sondern um ein verdünntes Sorrel. Cream wurde folglich nun als Fawn (Beige) bezeichnet. Dann aber wurden Abessinier mit dem echten Cream-Gen gezüchtet, und sie dürfen sich Cream nennen. In Großbritannien werden bei Ausstellungen nur die echten Red und Cream Abessinier akzeptiert, andere Verbände erkennen diese, daneben aber auch Fawn und Sorrel sowie neue Farben, darunter Chocolate, Blau und Lilac (verdünntes Chocolate), an.

Als Rasse seit 1882 anerkannt, wäre die Abessinier während des Ersten Weltkriegs in Europa fast ausgestorben, erholte sich aber wieder. 1917 wurde die erste Abessinier bei der CFA registriert und bis zu den 30er-Jahren war die Rasse in Amerika gut eingeführt. Heute ist sie dort eine der beliebtesten Katzen, aber auch eine der teuersten, denn die Würfe der Abessinier sind klein – im Schnitt nur vier Junge. Dabei überwiegen die männlichen Tiere. Außerdem sind Abessinier Spätentwickler und so prägen sich die Fellmuster erst spät aus.

Abessinier sind lebhaft und aufmerksam. Der Kopf ist keilförmig, die grünen, haselnuss- oder bernsteinfarbenen Augen sind mandelförmig gerundet, schwarz umrandet

Fawn Abessinier

Rote Abessinier

und von einer in der Fellfarbe hell abstechenden »Brille« umgeben. Leider leiden viele Abessinier an erblich bedingter Netzhautatrophie, was zur Erblindung führt. Die Ohren der Abessinier sind groß, schalenförmig und weit gesetzt. Ohrbüschel, die an den Luchs erinnern, sind erwünscht. Der sich verjüngende Schwanz ist so lang wie der Körper, das Fell liegt dicht an. Sanft und zutraulich, lieben Abessinier die Gesellschaft von Menschen – nicht unbedingt die von Artgenossen –, können aber auch laut und ungestüm sein. Als geborene Athleten klettern sie gern, und obwohl sie als schweigsam gelten, wird ihre ganz eigentümliche Stimme gern als »glockenhell« beschrieben.

Blaue Abessinier

Siam

Entstehungszeit: Vor 1700
Herkunft: Thailand (ehemals Siam)
Ahnen: Haus- und Tempelkatzen
Andere Namen: Keine
Farbschläge:
- **Siamabzeichen:** Seal, Chocolate, Blau und Lilac
- **Abzeichenfarben der Colourpoint Kurzhaar:** (durch rezessive Gene hervorgerufen) von der CFA anerkannt: Rot, Creme, Tortie- und Tabbymuster aller Farben

Felllänge: Kurz
Felltyp: Fein, eng anliegend, ohne Unterwolle
Gewicht: 2,5–5 kg

Chocolate-Point Siam

Lilac-Point Siam

Für viele Menschen ist die Siam der Inbegriff einer schönen Katze und mit ihren markanten Abzeichen – farblich gegen das hellere Fell dunkel abgesetzte Maske, Ohren, »Strümpfe« und Schwanz – und ihren blauen Augen ist sie vielleicht am leichtesten unter allen Katzenrassen herauszukennen. Bei der Geburt sind die

Seal-Point-Tabby-Siam

Apricot-Point Siam

Jungen der Siam weiß, Fellfarbe und Abzeichen bilden sich erst allmählich.

In Kunst und Literatur des alten Siam (heute Thailand) ist die Siamkatze gut dokumentiert. Sie kann sich einer orientalischen – und exotischen – Herkunft rühmen. Mehr als 100 Jahre nachdem sie erstmals im Westen präsentiert wurde, erfreut sich die Siam ungebrochener Beliebtheit als Haus- wie auch als Ausstellungskatze.

Um die Herkunft der Siam ranken sich viele Theorien – darunter auch die, sie sei mit ägyptischen Katzen, gar der Manx, verwandt. Es wird allgemein anerkannt, dass die Siam auf Katzen zurückgeht, die in Ayutthaya lebten, der 1350 gegründeten Hauptstadt des Königreichs Siam, die 1767 von den Birmanen erobert wurde. Unter den Schätzen, die gerettet werden konnten, befinden sich auch Handschriften, die heute in der Nationalbibliothek von Bangkok aufbewahrt werden. Zu den schönsten dieser Handschriften gehören die *Katzenbuchgedichte,* die zwischen 1350 und 1750 entstanden sein müssen. Die Handschriften sind mit wunderschönen Darstellungen von Seal-Point-Siamkatzen

Chocolate-Tabby-Siam

bebildert und die Verse sprechen von den schwarzen Schwänzen, Beinen und Ohren der Tiere sowie dem typisch rötlichen Funkeln der Augen bei Nacht.

Doch es gab in Ayutthaya nicht nur Katzen mit Points. Die Handschriften erwähnen auch die Si-Siwat (siehe Seite 192) und die Supalak, doch scheint es, dass die Siam besonders geschätzt und in Tempeln und Palästen gehalten wurden. 1884 übergab der König von Siam dem britischen Generalkonsul zwei Siamkatzen, die dessen Schwester mit nach England nahm und dort 1885 im Crystal Palace in London vorführte. Allerdings sollen schon bei der ersten Ausstellung, 1871, Siamkatzen zu sehen gewesen sein. Sie wurden jedoch als ein »unnatürlicher Albtraum von einer Katze« beschrieben!

Exotische Geschichten begleiteten die ersten Siamkatzen, die nach Europa kamen, oder wurden auch nur erfunden, um das leichte Schielen der Siam und den Knick in ihrem Schwanz zu erklären: Einer dieser Geschichten zufolge war es die Aufgabe der Katzen, nachts im Tempel das heilige Gefäß des Buddha zu bewachen. Dazu umklammerten sie das Gefäß fest mit dem Schwanz (bis er davon einen Knick bekam) und starrten es unverwandt an, bis sie schielten! Eine andere Legende berichtet, die Damen des Hofes hätten den Katzen nachts ihren Schmuck anvertraut. Ringe wurden ihnen auf die Schwänze gesteckt, und damit sie nicht herunterfielen, hätten die Katzen ihre Schwänze geknickt. Wissenschaftlich lassen sich Schielen und Knick durch die Genetik erklären. Sie wurden inzwischen durch Zuchtwahl ausgekreuzt und gelten heute als Defekt.

Chocolate-Point Siam

Tabby-Point Siam

Trotz der Ablehnung, die die Siam noch 1871 erfahren hatte, wurde sie bald zu einer beliebten und begehrten Rasse. Da es sich nicht gerade um robuste Katzen handelt, sind sie schwer aufzuziehen. Sie erkranken leicht durch einen potenziell tödlichen Virus an einer Darmkrankheit, gegen die man die Tiere aber impfen kann. All diesen Schwierigkeiten zum Trotz war die Siam gegen Ende des 19. Jahrhunderts in Großbritannien fest etabliert und in den 1890er-Jahren erreichte sie auch die USA.

1892 wurden die ersten Standards festgeschrieben. Anfangs unterschied man unter den importierten Katzen zwei Arten, von denen nur die mit hellem Fell und dunklen Abzeichen geschätzt wurde. Der andere Typ wurde als »Chocolate Point« bezeichnet, hatte ein schokoladenbraunes Körperfell und noch dunklere Points. 1896 wurde von einem Mr. Spearman, der gerade aus Siam heimgekehrt war, eine Blue-Point-Siam bei einer Ausstellung vorgestellt, die disqualifiziert wurde. Juror war kein Geringerer als der berühmte Katzenmaler Louis Wain! Manche vermuten heute, dass es sich

Blue-Tortie-Point Siam

gar nicht um eine Siam, sondern um eine Korat handelte, jedenfalls wurde später eine Blue-Point-Siam registriert. Ab 1920 gab es sie auch in den USA, wo sie, ab 1932, von der CFA anerkannt wurden. In Großbritannien erfolgte die offizielle Anerkennung erst 1936. Die Lilac-Point-Siam wurde in den Staaten erst in den 1950er-, in Großbritannien erst in den 1960er-Jahren anerkannt.

Obwohl inzwischen viele Verbände das Farbquartett Seal, Blau, Chocolate und Lilac bei den Abzeichen anerkennen, gilt manchen Puristen noch immer ausschließlich die Seal-Point-Siam mit den blauen Augen als die einzig wahre und echte Siam. Dessen ungeachtet sind inzwischen weitere neue Farbschläge hinzugekommen, die manchmal als Siam, manchmal als Colourpoint Kurzhaar eingestuft werden. Als erste der neuen Farben konnte sich Rot durchsetzen, gefolgt von Schildpatt-Abzeichen – die heute in Seal, Blau, Chocolate und Lilac gezüchtet werden – sowie Cream-Point und Tabby- Point (in USA Lynx-Point genannt). Als in den 1970er-Jahren das Gen entdeckt wurde, das für die Silberfärbung bei Katzen zuständig ist, war die Möglichkeit eröffnet, auch Silbertabby-Point-Siams zu züchten. Als direkte Folge der genetischen Forschung ist es möglich, immer neue und andere Abzeichen zu erzeugen, etwa Smoke- Point (auch Shadow-Point – schattierte Abzeichen – genannt), das sich durch stärkere Spitzenfärbung der gefärbten Partien auszeichnet, was das typisch schattierte Tabbymuster hervorruft.

Wie auch immer ihre Abzeichen gefärbt sein mögen, allen Siamkatzen ist ein Charakteristikum gemeinsam: Sie sind sehr geschwätzig und ihre Stimmen sind durchdringend. Siamkatzen sind mittelgroß, schlank und sehr grazil, mit großen keilförmigen Köpfen und schrägen Augen. Die dünnen Hinterbeine sind noch länger als die Vorderbeine, der lange, spitz zulaufende Schwanz sollte bei den heutigen Züchtungen keinen Knick haben. Die auffallend großen, weit gesetzten Ohren verlängern die Gesichtskonturen zum Dreieck. So elegant im Aussehen, so extrem ist die Siam in ihrem Verhalten. Sie ist die lauteste, die unternehmungslustigste, temperamentvollste, intelligenteste und anspruchsvollste aller Katzen. Aber sie ist auch anhänglich und verspielt und für viele Katzenfreunde ist sie einfach die schönste aller Katzen.

In ihrer Heimat wurden Siamkatzen übrigens nie über ihre Abzeichen definiert – es ist purer Zufall, dass die ersten aus Siam eingeführten Exemplare, die im Westen Aufmerksamkeit erregten, Katzen mit Abzeichen waren.

Blue-Tabby-Point Siam

Burma: Amerikanische und Europäische

Entstehungszeit: 1930er-Jahre
Herkunft: Burma (heute Myanmar)
Ahnen: Tempelkatzen, Siam-Kreuzungen
Andere Namen: Keine, einige Farbschläge wurden früher Malayian genannt
Farbschläge:
- **Sepia Amerikanisch Burma:** Sable, Champagne, Blau und Platin
- **Europäische Burma:** Einfarbig und Schildpatt: Braun, Rot, Chocolate, Blau, Lilac, Creme, Brown, Chocolate, Blue- und Lilac-Tortie

Felllänge: Kurz
Felltyp: Fein, satinähnlich
Gewicht: 3,5–6,5 kg

Glatthaarig und in vielen Farbschlägen auftretend, ist die muskulöse, dennoch leicht stämmige Burma schon als ein »in Seide gewickelter Backstein« bezeichnet worden. Während es in Myanmar schon seit Jahrhunderten braune Burmesen gab, gilt die Burma als erste Rassekatze, die in den USA entwickelt und genetisch umfassend studiert wurde.

Lilac-Tortie Burma

Braune Schildpatt-Burma

Seit ihrer Einführung im Westen in den 1930er-Jahren hat sich die Burma auf beiden Seiten des Atlantiks in zwei Typen entwickelt, die beinahe als verschiedene Rassen angesehen werden können, obwohl die Europäische Burma aus amerikanischen Burmas hervorging, die nach dem Zweiten Weltkrieg nach Europa verbracht wurden.

Beide Arten der Stammbaum-Burmesen gehen auf eine attraktive, walnussbraune Siamkätzin mit dunklen Abzeichen namens

Chocolate-Tortie Burma

Blaue Burma

Wong Mau zurück, die der bei der US-Navy tätige Psychiater Joseph Thompson aus Rangun in die USA einführte. Ähnliche Katzen waren damals unbekannt. »Einfarbig braune Siamkatzen« hatte man auf Katzenausstellungen im 19. Jahrhundert gesehen und auch alte Thai-Handschriften berichten über sie, doch könnte es sich dabei auch um Kreuzungen aus Siam und Burma gehandelt haben.

Da es keine gleichartigen Partner gab, verpaarte Thompson Wong Mau mit einem Siamkater und die Nachkommen wieder mit Wong Mau. Im Laufe mehrerer Generationen ließen sich drei Typen von Nachkommen unterscheiden: Solche mit Siamabzeichen, solche, die aussahen wie Wong Mau selbst sowie einfarbig dunkelbraune – die ersten echten Burmas. Weitere Zuchtexperimente verifizierten die Existenz des Burma-Gens (cb). Alle Burmakatzen sind reinerbig; Katzen wie Wong Mau haben ein Burma- und ein Siam-Gen, sie werden heute als Tonkanesen (siehe Seite 198) bezeichnet und gezüchtet.

Die Standards für die Burmas unterscheiden sich – in Europa (auch in Südafrika, Australien und Neuseeland) gelten andere als in Nordamerika. Für die Europäische Burma gelten ein orientalischer, leicht keilförmigen Kopf, ovale Augen und lange Beine als ideal. Bei der Amerikanischen bevorzugt man einen gerundeten Kopf und runde Augen. Leider bringt dieses Aussehen oft eine schwere erbliche Schädelmissbildung mit sich; geschädigte Katzen müssen eingeschläfert werden.

Cremefarbene Burma

Das Markenzeichen aller Burmas ist das kurze, feine, glänzende, eng anliegende Fell und alle Fachleute sind sich einig, dass das als Zobel (Sable) bezeichnete warme Dunkelbraun die herausragende Farbe ist. Daneben sind heute auch Farbschläge wie Blau, das mit einem besonders weichen Fell einhergeht, Silbergrau, Chocolate (in den USA als Champagner bezeichnet) und seine Verdünnung Lilac (in den USA Platin genannt) anerkannt. Bei Kätzchen lässt sich erst nach einigen Wochen sagen, ob sich die Fellfarbe zu Chocolate, einem warmen Milchschokoladenbraun, oder zu Lilac, einem blassen, rosa überhauchten Taubengrau, entwickeln wird, weil die Jungen fast weiß zur Welt kommen.

Weitere Farbschläge umfassen Rot, Creme und Schildpattfarben, die auf dem Orange-Gen *(O)* beruhen und von britischen Züchtern Mitte der 1970er-Jahre entwickelt wurden. Das Rot der Burma hat drei Quellen: eine kurzhaarige Ginger-Tabby, einen Siam mit roten Abzeichen und eine Tortie-mit-Weiß-Farmkatze. Aus dieser Linie wurde ein Zuchtprogramm entwickelt, aus dem rote und cremefarbene Felle hervorgingen, die fast frei von Tabbyzeichnungen waren. Das Rot der Burmas ist heller als das anderer Rassen, eher ein Apricot; dabei sind die Ohren dunkler, Nasenspiegel und Ballen sind rosa. Cream ist eine warme Cremefarbe, lediglich die Ohren sind etwas dunkler. Schildpatt-Burmas (ausschließlich Kätzinnen) können dramatisch gefleckt sein und sehr attraktive Sprenkelungen im Gesicht haben. Große einfarbige Flecken sind erlaubt. Schildpatt-Burmas sind allerdings im

Allgemeinen weniger stark gefleckt als andere Schildpattkatzen. Obwohl nicht alle Verbände alle Farbschläge anerkennen – manche beschränken sich auf die Anerkennung von Blau und Braun –, gehört die Burma zu den Katzen mit der größten Palette an Farbschlägen. Mögen die Meinungen über die Farben auch noch so weit auseinander gehen, was den Charakter der Burma anbelangt, herrscht Einigkeit: Sie ist furchtlos und lustig, liebenswert und schlau. Da anpassungsfähig, lebt sie in der Stadt so gern wie auf dem Land. Trotz der Gefahr der erwähnten Schädeldeformation sind die meisten Burmas gesund und werden sehr alt – 18 Jahre und mehr sind keine Seltenheit!

Braune Burma

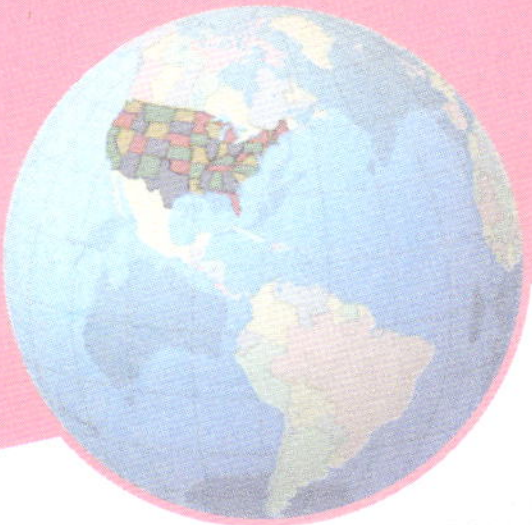

Savannah

Entstehungszeit: 1990er-Jahre
Herkunft: USA
Ahnen: Serval und Bengal
Andere Namen: Savana
Farbschläge: Verschieden
Felllänge: Kurz
Felltyp: Unterschiedlich – rau bis fein
Größe: Von Nase bis Schwanzspitze bis zu 76 cm
Gewicht: 8–13 kg

Erst die dritte Generation dieser neuen Züchtung mit Experimentalstatus wurde 2002 von der TICA anerkannt.

Die Savannah ist eine neue Rasse und in mancherlei Hinsicht noch im Experimentalstadium, denn sie geht aus der Kreuzung von Hauskatzen mit einem Serval *(Felis serval)* hervor. Der in der afrikanischen Savanne wild lebende Serval ist eine langgliedrige Katze mit braunem, schwarzgeflecktem Fell, einer Schulterhöhe von etwa 60 cm und einer Gesamtkörperlänge von 1,5 m. Da es sich bei Hauskatze und Serval um verschiedene Arten handelt, sind Paarungen schwer zu bewerkstelligen; die Savannahs sind entsprechend selten. Die Tragzeit der Serval beträgt 74, die der Hauskatze nur 65 Tage. Dieser Unterschiede wegen kam es zu Früh- und Fehlgeburten.

Von ihrer Erscheinung her ist die Savannah ein kleineres Abbild ihrer wilden Verwandten, dennoch deutlich größer als normale Hauskatzen. Die ersten drei Generationen wurden als F_1, F_2 und F_3 bezeichnet, die Tiere dieser Generationen hatten ein gesprenkeltes Fell wie der Serval, lediglich die Grundfarben waren verschieden. Die momentan einzig aner-

Savannah

Savannah

kannten Farbschläge sind von Gold bis Orange changierende Grundfarben sowie Silber und Black Smoke als Grundfarbe, alle mit kräftigen schwarzen Markierungen. Die Textur des Fells kann rau sein wie beim Serval oder dem dichteren, seidigeren Fell der Hauskatze ähneln.

Manche Züchter nehmen Bengalen, die ein getupftes Fell haben (siehe Seite 218), in ihre Zuchtprogramme, um die Fellzeichnung zu intensivieren, aber auch in der Hoffnung, dass spätere Generationen der Savannah auf normale Hauskatzengröße »schrumpfen«. Die Kater der Generationen F_1, F_2 und F_3 waren erwartungsgemäß steril, doch die Weibchen waren fortpflanzungsfähig.

Die Savannah hat einen schlanken, muskulösen, sehr langen Körper, lange, schlanke Beine mit kleinen Pfoten und langen Zehen. Der Schwanz ist um ein Viertel kürzer als der durchschnittlicher Hauskatzen. Wenn sie etwas aufmerksam belauert, hält die Savannah den aufgestellten Schwanz über den Rumpf. Der glatte Hals ist lang, die Ohren sind groß und gerundet. Die mandelförmigen, leicht schräg gestellten Augen sind tiefgelb, grün, golden oder karamellbraun. Vom Innenauge zur Nase verlaufen deutliche Markierungen, die »Tränen« genannt werden.

Vom Charakter her werden Savannahs mit Hunden verglichen – sie sind gern im Mittelpunkt des Geschehens, doch wie alle Katzen klettern sie auch gern und sitzen auf erhöhtem Standort, um den Überblick zu haben. Die Savannah ist zwar bisher selten, zeigt aber bereits die Vorzüge der Hybriden: eine starke, gegen Krankheiten resistente Konstitution. Ihres attraktiven Aussehens wegen dürfte die Savannah noch eine große Zukunft haben.

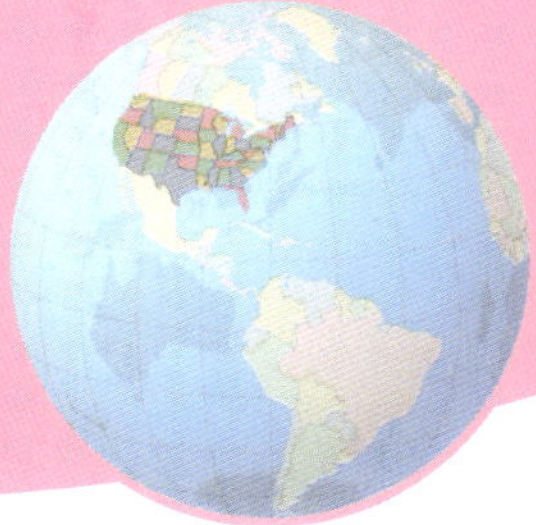

Chausie

Entstehungszeit: 1990er-Jahre
Herkunft: USA
Ahnen: Sumpfluchs *(Felis chaus)* und Hauskatze
Andere Namen: Keine
Farbschläge: Schwarz, Schwarz mit Silverticking, Gold
Felllänge: Kurz
Felltyp: Dicht, eng anliegend
Größe: 35–46 cm Schulterhöhe
Gewicht: 8–13 kg
Bisher von der CFA noch nicht anerkannt; vorläufige Anerkennung der TICA

Die Chausie ist eine junge Neuzüchtung – erst im Juli 1995 registrierte sie die TICA – und stellt eine Kreuzung aus Hauskatze und Sumpfluchs *(Felis chaus)* dar. Der Sumpfluchs, auch Rohrkatze genannt, ist in Ägypten und Südasien heimisch, wo er sich, wie sein Name vermuten lässt, gern im Schilfdickicht der Sümpfe aufhält. Er gehört zu den größeren der kleinen Wildkatzen und wiegt zwischen 6 und 18 kg.

Die bisher nur vorläufig von der TICA anerkannte Chausie gibt es in drei Farbschlägen: Schwarz, Schwarz mit silberner Spitzenfärbung und Gold, wobei diese letzte Farbe von Ruddy (ähnlich der Farbe der Abessinier, siehe Seite 155) bis zu einem hellen, rötlichen Beige changieren kann. Die Jungen der Chausies weisen meist noch Streifen oder Flecken auf, die aber mit zunehmendem Alter ausbleichen und ein Fell zurücklassen, das eine wunderschöne Spitzenfärbung aufweist. Als ideal gelten drei bis sieben Bänderungen auf jedem Haar. Bei den erwachsenen Tieren bleiben die Streifen an den Beinen sichtbar.

Der Kopf ist leicht keilförmig mit eckiger Schnauze und runden Schnurrhaarkissen. Die Augen sind groß und stehen leicht schräg. Ohrbüschel, wie sie die wilden Vorfahren der Chausie aufweisen, sind sehr erwünscht. Bevorzugte Augenfarben sind Gelb und Gold, doch wird auch Haselnuss-

Chausie, braun gebänderte Tabby

breiten Brust und den starken Knochen sollte sie idealerweise doppelt so lang wie hoch sein. Tatsächlich sind viele Exemplare doppelt

Chausie, braun gebänderte Tabby

braun akzeptiert. Der relativ kurze Schwanz ist ein deutliches Merkmal der Chausie. Er hat nur drei Viertel der Länge des Schwanzes der normalen Hauskatze. Dieses Merkmal verdankt sich einem rezessiven Gen; künstliches »Stutzen« des Schwanzes ist natürlich nicht erlaubt.

Die Chausie ist für ihre athletische Kraft berühmt, sie kann sowohl weit als auch hoch springen und dank ihrer kräftigen Hinterbeine ist sie auch zu schnellen Sprints fähig. Mit ihrem etwas kastenförmigen Körper, der so groß wie durchschnittliche Hauskatzen und manchmal dreimal so schwer!

Trotz ihrer Größe und ihrer wilden Abstammung sind Chausies sanftmütig, liebevoll und ihren Besitzern gegenüber anhänglich und treu. Man beschreibt die Chausie manchmal als »hundeähnlich«, was daher rühren mag, dass sie gern Spielzeug apportiert. Dennoch ist sie, was ihre Neugier und ihre Kletterfreude anbelangt, eine typische Katze, die es sich gern an warmen Plätzen bequem macht.

Burmilla

Chocolate-Shaded-Silver-Burmilla

Entstehungszeit: 1981
Herkunft: Großbritannien
Ahnen: Burma und Chinchilla-Perser
Andere Namen: Schattierte Asian, Asian Group
Farbschläge:

Burmilla oder Shaded (Einfarbig, Sepia): Schwarz, Chocolate, Rot, Blau, Lilac, Creme, Caramel, Apricot, Schildpatt, Chocolate-Tortie, Blue-Tortie, Lilac-Tortie und Caramel-Tortie
Silver Shaded: Farben und Muster wie Shaded
Smoke (Einfarbig, Sepia): Wie Shaded
Einfarbig: Bombay (d.h. Schwarz – nicht zu verwechseln mit gleichnamiger Rasse, siehe Seite 183), Chocolate, Rot, Blau, Lilac, Creme, Caramel, Apricot, Schildpatt, Chocolate-Tortie, Blue-Tortie, Lilac-Tortie und Sepiafarben
Tabby (alle Muster in Solid, Sepia): Braun, Chocolate, Rot, Blau, Lilac, Creme, Caramel, Apricot, Schildpatt, Chocolate-Tortie, Blue-Tortie, Lilac-Tortie und Caramel-Tortie
Silbertabby: Farben und Muster wie Standard-Tabby

Felllänge: Kurz
Felltyp: Fein, weich, dicht, eng anliegend
Gewicht: 4–7 kg

Die Burmilla , auch Schattierte Asian genannt, ist das Ergebnis einer zufälligen Kreuzung zwischen einer Burmakätzin im Farbschlag Lilac und einem Chinchilla-Perserkater, zu der es 1981 in London kam. Es ergab sich ein höchst attraktiver Wurf von vier silberschattierten weiblichen Jungen, die zur Grundlage der neuen Rasse wurden. 1984 wurde der Burmilla Cat Club gegründet. Bei späteren Treffen mit anderen Verbänden einigte man sich auf ein Züchtungsprogramm.

Die Kätzchen des ersten Wurfs waren durchweg vom kurzhaarigen Burmatyp und vereinigten eine fantastische Spitzenfärbung mit der Zeichnung der Chinchilla-Perser. Um die Rasse zu etablieren, wollte man zunächst die Burmillas in jeder zweiten Generation auf die Burma rückkreuzen, um so die genetische Basis zu verbreitern. Obwohl die Burmilla im Grunde dieselbe Herkunft hat wie die langhaarige Tiffanie (siehe Seite 104), handelt es sich bei ihr doch auch um eine Kreuzung aus Burma und Chinchilla-Perser, wurde die wunderschöne Burmilla 1989 von der GCCF und 1994 auch von der FIFé als eigene Rasse anerkannt, da sie sich deutlich genug abhebt, um als eigene Gruppe unterschieden werden zu können. Die festgelegten Standards sehen auch Bewertungspunkte für Wesen und Temperament der vorgestellten Burmillas vor.

Die Burmilla ist nicht nur ihres außergewöhnlichen Aussehens wegen zunehmend beliebt, sondern vor allem auch ihres sanften, einnehmenden Wesens wegen, das sie zu einem idealen Hausgenossen macht.

Ein herausragendes Merkmal der Burmilla sind ihre dunkel umrandeten Augen (»Lidstrich«). Diese Umrandung findet sich auch am Nasenspiegel, der nicht rosa, sondern von intensivem Ziegelrot ist, sowie an den Lippen, sodass man immer ein wenig den Eindruck hat, als hätte die Burmilla gerade einen Schönheitssalon besucht und sich ein Make-up auflegen lassen. Ihre faszinierenden Augen sind ein Mittelding zwischen rund und mandelförmig und meist grün, manchmal auch bernsteinfarben.

Burmillas haben einen kräftigen, fest bemuskelten Körper, einen kurzen, oben sanft gerundeten Kopf mit mittelgroßen bis großen Ohren, die weit gesetzt und leicht nach außen gestellt sind. Die mittellangen

Lilac-Shaded-Silver-Burmilla

Beine – die Hinterbeine sind etwas länger als die Vorderbeine – enden in ovalen Pfoten, deren Ballen meist schwarz oder blaugrau sind, bei manchen Farbschlägen können sie aber auch rosa oder blaugrau-rosa gefleckt sein.

Der mittellange bis lange Schwanz, der sich zu einer gerundeten Spitze verjüngt, wird gern elegant nach oben gestellt getragen. Das kurze Fell ist dicht, weich und glänzend und liegt eng am Körper an.

Die Fellschattierungen der Burmilla variieren von einer mittelstarken Schattierung bis zu einer nur leichten Spitzenfärbung. Eine so leichte Färbung, dass das Fell schon weiß erscheint, ist jedoch nicht erwünscht. Die Tabbyzeichnung kann auf das »M« auf der Stirn, auf Markierungen an Beinen und Schwanz sowie das »Halsband«, Ringe um den Hals, die aber vorn nicht geschlossen sein dürfen, beschränkt sein. Gebänderte Tabbys sind sowohl in den Standardfarbschlägen der orientalischen Katzen als auch in Silber zugelassen, doch auch wenn die Intensität der Färbung der Silbertabbys reduziert ist, soll doch jedes Haar mindestens zwei Bänderungen in dunklerer Farbe aufweisen.

Die ursprüngliche Self-Farbe der Burmilla wird »Bombay« genannt und bezeichnet ein glattes Schwarz. Die Benennung des Farbschlags darf aber nicht mit dem Namen der Bombay (siehe Seite 183) verwechselt werden, die eine eigenständige Rasse mit einem einzigen Farbschlag darstellt.

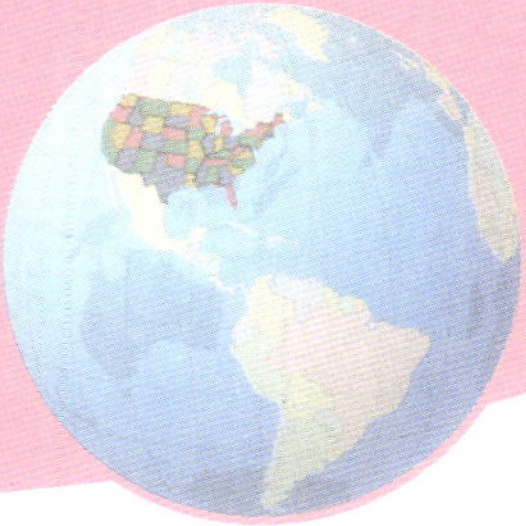

Bombay

Entstehungszeit: 1960er-Jahre
Herkunft: USA
Ahnen: Zobelfarbene Burma und schwarze Amerikanisch Kurzhaar
Andere Namen: Keine, doch oft als schwarzer Mini-Panther beschrieben
Farbschläge:
Einfarbig: Schwarz
Felllänge: Kurz
Felltyp: Dick, seidig glänzend, wie Lackleder!
Gewicht: 2,5–5 kg

Die Bombay ist nach der gleichnamigen indischen Stadt benannt, weil es in Indien noch Panther gibt, denen diese Katze sehr ähnlich sieht. Genau diese Ähnlichkeit war das angestrebte Ziel der amerikanischen Züchterin Nikki Horner, als sie in den 1950er-Jahren versuchte, einen schwarzen Mini-Panther zu kreieren. In den 1960er-Jahren war es dann soweit. Die erste dieser muskulösen Katzen mit glänzend schwarzem Fell, rundlichem Kopf, kurzer Nase und leuchtend kupferfarbenen Augen wurde geboren. Trotz ihrer Ähnlichkeit mit den Burmakatzen handelt es sich bei den Bombays um eine eigene Rasse, die aus der Kreuzung zwischen schwarzer Amerikanisch Kurzhaar (siehe Seite 138) und Sabel (zobelfarbener) Burma (siehe Seite 170) hervorging. Der resultierende Nachwuchs verfügte über nur ein Burma-Gen (c^b) und war schwarz, hatte aber das seidige, kurze Fell der Rasse. Da das Gen für die Sepia-

Schwarze Bombay

Abzeichen der Burma rezessiv ist, kommen in den Würfen der Bombay immer wieder zobelfarbene Junge mit Sepia-Abzeichen vor, und alle Bombaykätzchen haben bei der Geburt Tabbymarkierungen. Es kann bis zu zwei Jahre dauern, ehe sich die tiefe Schwärze des typischen Bombayfells herausgebildet hat.

Erst 1976 erhielt die Bombay den Championship-Status der CFA; seither hat sie sich in ihrem Erscheinungsbild von ihren Burma-Ahnen immer weiter entfernt. Denn diese Ahnenschaft bedeutete, dass auch Bombays gelegentlich unter Schädeldeformationen litten. Um diese auszuzüchten, glich man die Kopfform der Bombay immer weiter der der Amerikanisch Kurzhaar an. Das Gesicht der Bombay ist von moderater Keilform. Nasenspiegel, Pfotenballen und Augenumrandung sind schwarz oder tiefbraun. Die ziemlich großen Ohren haben gerundete Spitzen und sind ganz leicht nach vorn geneigt, was der Bombay einen immer aufmerksam lauschenden Eindruck verleiht. Der mittellange Schwanz wird gern aufgestellt getragen. Der Rücken ist gerade, der Körper muskulös und überraschend schwer. Bombays können einen gewaltigen Appetit entwickeln, doch obwohl sie groß werden können, verlieren sie nie ihre Grazie.

Die sehr anschmiegsame Bombay ist wie die Burma eine Katze, die die Wärme liebt. Folglich sitzt sie ihrem Besitzer zufrieden stundenlang auf dem Schoß (wenn man sie lässt) und genießt es, gestreichelt zu werden.

Einfarbig schwarze Bombay

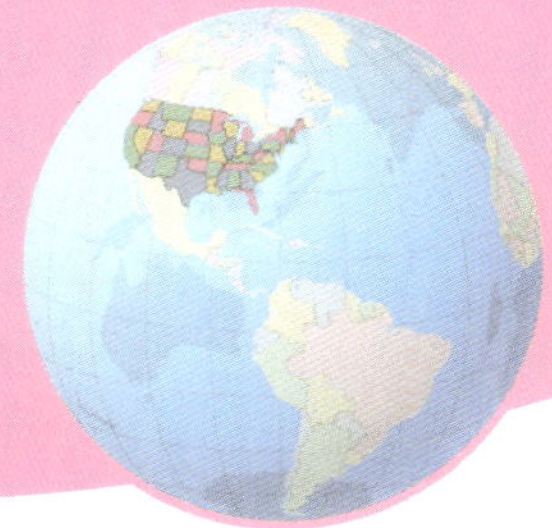

Havana

Entstehungszeit: 1952
Herkunft: USA und Großbritannien
Ahnen: Chocolate-Point-Siam und Russisch Blau
Andere Namen: Havana Brown
Farbschläge: Chocolate ist Standard, doch Lilac kommt auch vor
Felllänge: Sehr kurz
Felltyp: Dicht und glänzend, anliegend, keine Markierungen
Gewicht: 2,5–4,5 kg

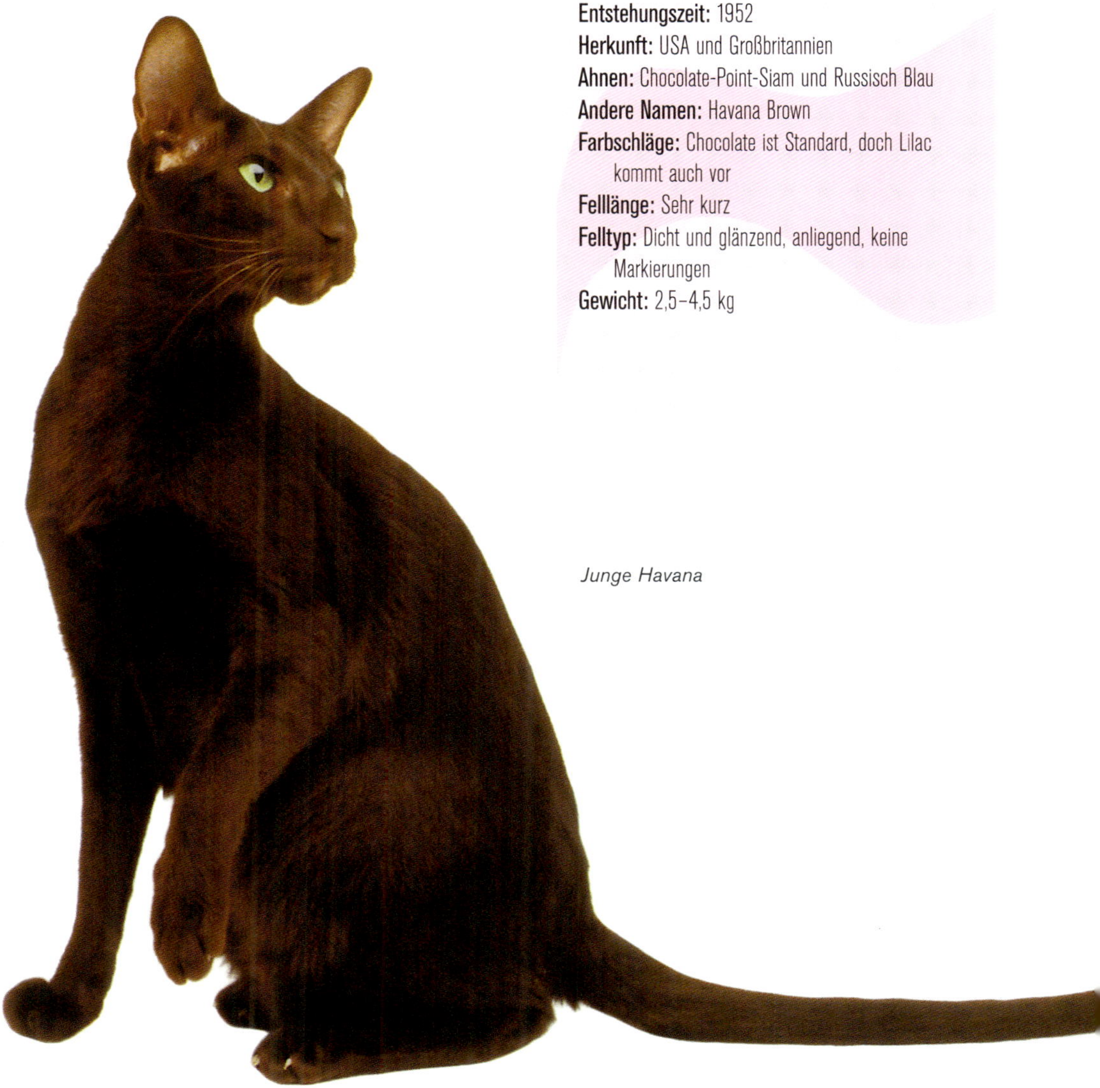

Junge Havana

Havana

Die Dichter des alten Siam (Thailand) schätzten gänzlich braune Katzen, denn sie galten nicht nur als schön, man sagte ihnen auch nach, sie könnten ihre Besitzer vor allem Übel behüten. Unter den ersten Siamkatzen, die im 19. Jahrhundert in den Westen kamen, waren wohl solche braunen Katzen. Heute vermutet man, dass verschiedene, genetisch unterschiedliche Katzen unter diesen ersten Ankömmlingen waren, darunter auch solche, die heute als Burmakatzen (siehe Seite 170) eingestuft werden, aber auch Tonkanesen (siehe Seite 198). Anfang des 20. Jahrhunderts setzte sich der britische Siamese Cat Club lediglich für die Züchtung der blauäugigen Siamkatzen mit Abzeichen ein, wie sie heute für die Rasse typisch sind, die wenigen ganz braunen Exemplare blieben bis in die 1950er-Jahre weitgehend unbekannt.

Zwei britische Züchter begannen mit einem Zuchtprogramm, dessen Ziel einfarbige Katzen des Siamtyps waren, die dem Farbschlag Chocolate entsprechen sollten, nicht der Zobelfarbe der neu eingeführten Burma. Zu dieser Zeit waren die einzigen anderen anerkannten orientalischen (Foreign) Züchtungen – außer der Siam – die Russisch Blau (siehe Seite 189) und die Abessinier (siehe Seite 155). Das erste Kätzchen mit der erwünschten Farbe wurde 1952 geboren. Es war das Resultat einer Verpaarung eines Chocolate-Point-Siamkaters (der das Gen für Schokoladenbraun trug) mit einer schwarzen Kurzhaarkätzin (die aus einer Kreuzung zwischen einer Seal-Point und einer schwarzen Katze hervorgegangen war). Dieses Kätzchen war der Grundstein der eleganten neuen Rasse, die 1958 in Großbritannien zunächst als »Chestnut Brown Foreign Shorthair« registriert wurde.

Etwa zur selben Zeit wurde ein Pärchen dieser Chestnut Brown Foreign Shorthair in die Vereinigten Staaten gebracht, um auch in Amerika eine Zucht zu begründen. Hier wurden die Katzen als Havanas registriert, jedoch nicht nach der kubanischen Hauptstadt oder der kubanischen Zigarre, sondern nach dem Namen einer bereits existierenden Kaninchenrasse mit sehr ähnlicher Färbung!

Die 1959 in den USA anerkannte Rasse wird dort seither offiziell als »Havana Brown« bezeichnet. Bis 1973 kamen weitere britische »Chestnuts« in die USA und wurden dort als Havana Brown registriert. Dann erkannte die CFA die Orientalisch Kurzhaar (siehe Seite 203) als eigene Rasse an und von diesem Zeitpunkt an registrierte man die Importe als »Chestnut Oriental Shorthair«. Noch verzwickter und verwirrender wird die Angelegenheit dadurch, dass man den Farbschlag der Orientalisch Kurzhaar, der in der USA »Chestnut« heißt, in Großbritannien »Havana« nennt.

Die Havana Brown entwickelte sich in den USA also als eigenständige nordamerikanische Rasse mit eigenen Standards. In den Staaten verboten die Züchter die Einkreuzung der Siam und demzufolge ist die amerikanische Katze deutlich stämmiger mit runderem Gesicht und geringfügig längerem Fell. In Großbritannien hingegen verlagerte sich die Betonung auf den Siamtyp und so ist die britische Havana nicht nur schlanker, sondern auch deutlich gesprächiger als ihr amerikanisches Gegenstück.

Beide haben jedoch lange Beine, bei beiden ist der Kopf etwas länger als breit, und die Nase hat einen deutlichen Stopp zwischen den ovalen, chartreuse-grünen Augen. Mit ihrem sattbraunen Fell ist die Havana unter den Katzen tatsächlich, was die Havanna unter den Zigarren ist!

Weil im Zuchtprogramm der Havana auch die Russisch Blau eingesetzt wurde, ist das rezessive Gen für verdünntes Blau in die Rasse hineingetragen worden, was dazu führt, dass sich unter den Havanas gelegentlich auch Tiere des wunderbar abgetönten Farbschlags Lilac (Lavender) finden.

Russisch Blau

Entstehungszeit: Vor 1800
Herkunft: Wahrscheinlich der russische Hafen Archangelsk an der Nördlichen Dwina
Ahnen: Hauskatzen
Andere Namen: Archangelsk-Katze, Malteser, Spanisch Blau, Russisch Kurzhaar, Orientalisch Blau
Farbschläge: Blau (Schwarz und Weiß in Großbritannien entwickelt und anerkannt, in den USA und von der FIFé nicht akzeptiert)
Felllänge: Kurz
Felltyp: Doppellagig mit dichter Unterwolle, erinnert an Seehundfell
Gewicht: 3–5,5 kg

Ein exotischer Ursprung – bei Katzen immer attraktiv – verbunden mit dem begehrenswertesten aller Farbschläge, Blau, macht die Russisch Blau zu einer der großartigsten Katzen. Blau ist der ursprüngliche einfarbige Farbschlag der Rasse und für viele gelten ihre Vertreter nur in dieser Farbe als echt, doch inzwischen wurden auch die Farbschläge Schwarz und Weiß gezüchtet. Der Legende nach stammt die Russisch Blau von Schiffskatzen aus dem Hafen von Archangelsk ab, von wo Seeleute sie um 1860 in den Westen mitbrachten.

Obwohl Harrison Weir in seinem Buch »Our Cats« (1893) die »Russian Blue« unter diesem Namen erwähnt, bekam sie doch noch eine Reihe anderer Namen, darunter Russisch Kurzhaar, Spanisch Blau und Malteserkatze. Zwischen 1917 – dem Jahr der

Russisch Blau

Russischen Revolution – und 1948 war sie offiziell unter dem Namen »Foreign Blue« (Orientalisch Blau) bekannt.

In den Anfangsjahren der Katzenausstellungen zeigte man in Großbritannien alle blauen Katzen unabhängig von ihrer Körperform in einer Klasse. Entsprechend wetteiferte die Russisch Blau in einer Gruppe mit der British Blue, die regelmäßig zu siegen pflegte, weshalb das Interesse an der feingliedrigeren Russin mit dem schmaleren Kopf stetig abnahm. 1912 wurden für die beiden Typen verschiedene Klassen eingerichtet und das Interesse an der Russisch Blau flammte wieder auf.

Wie alle Rassekatzen hatte auch die Russisch Blau unter den Kriegswirkungen zu leiden; während des Zweiten Weltkriegs wäre sie fast ausgestorben. In den späten 1940er- und frühen 1950er-Jahren bemühten sich skandinavische und britische Züchter, sie wiederzubeleben, indem sie eine blaue Katze aus Finnland mit einer Siam kreuzten, die das Verdünnungs-Gen *(d)* trug, das für die Blaufärbung verantwortlich ist. Zur gleichen Zeit kreuzten britische Züchter Russisch Blau mit Blue-Point-Siam und brachten so einen noch orientalischeren Typ hervor. Jüngst haben Züchter versucht, die ursprünglichen Züge der Russisch Blau durch Kreuzung mit der British Blue wiederherzustellen.

Jahrhundertelang pflanzte sich die Russisch Blau reinerbig fort, denn das für die Farbverdünnung zuständige Gen ist rezessiv und maskiert folglich keine andere Farbe. Für viele Puristen sind deshalb die jüngst entwickelten Farbschläge Weiß und Schwarz inakzeptabel, weder die nordamerikanischen Verbände noch die FIFé erkennen sie an. Am umstrittensten ist die Russisch Blue-Point, die als Ergebnis einer früheren Verpaarung mit einer Siam entstand.

Die hervorstechendsten Merkmale der Russisch Blau sind ihr wunderbar üppiges Fell und die großartig smaragdgrünen Augen. Das weiche, dichte, doppellagige Fell – ideal geeignet, die Tiere vor den russischen Wintern zu schützen – fühlt sich ganz einmalig an. Die britischen Standards beschreiben es denn auch als das ureigenste Kriterium der Rasse. Die Färbung ist ein gleichmäßiges Blau mit einem leichten Silberglanz, der dem Fell ein leuchtendes Aussehen verleiht. Manche Züchter behaupten, das Fell glänze umso schöner, je weniger die Katze gebürstet werde! Das mag daran liegen, dass das Fell nicht anliegt und man darauf achten muss, es bei der Pflege nicht flach zu drücken, obwohl sich das Fell ohnehin von selbst wieder aufrichtet, egal, in welche Richtung man es bürstet. Die grüne Augenfarbe ist relativ jung, die ersten 1871 im Crystal Palace in London gezeigten Exemplare hatten gelbe Augen; erst 1933 besagte die Bestimmung, dass die Augen »so lebhaft grün wie möglich« sein sollten.

Die Russisch Blau ist eine gut bemuskelte Katze, doch ist der Körper nie gedrungen oder schwer. Die eleganten Beine sind lang, aber nicht zierlich, der Kopf hat moderate Keilform und ist von den Ohren zu den Augen länger als von den Augen zur Nase. Die hoch am Kopf stehenden, großen Ohren laufen spitz zu, die mandelförmigen Augen sind weit gesetzt. Nasenspiegel und Ballen entsprechen der Fellfarbe, der mäßig lange Schwanz läuft in gerundeter Spitze aus.

Als stille Katze, die selten etwas kaputt macht, ist die Russisch Blau eine ideale Wohnungskatze. Fremden gegenüber ist sie scheu – meist begegnet sie ihnen mit Missachtung. Sie bewahrt all ihre Zuneigung für die ihr bekannten Menschen und Tiere ihrer Umgebung auf.

Korat

Entstehungszeit: Vor 1700
Herkunft: Thailand
Ahnen: Hauskatzen
Andere Namen: Si-Sawat
Farbschläge: Blau
Felllänge: Kurz
Felltyp: Flach, seidig, ohne Unterwolle
Gewicht: 2,5–5 kg

Der Russisch Blau (siehe Seite 189) in Größe und Farbe ähnlich, war die Korat in ihrer Heimat Thailand jahrhundertelang als Si-Sawat bekannt, was »Glücksbringer« bedeutet, denn man war überzeugt, dass die Katze für ihren Besitzer Gutes bewirkte. So war sie denn ein beliebtes Hochzeitsgeschenk. In den ländlichen Gegenden sagte man der Korat nach, sie könne das Wetter beeinflussen und für Regen sorgen. Um sie dazu anzuregen, übergoss man sie mit Wasser! Im 19. Jahrhundert nannte

Silver-Blue Korat

König Rama V. sie in Korat um, nach der im Nordosten Siams (heute Thailand) gelegenen Hochebene, die als die eigentliche Heimat der Katze galt.

In einer alten Thaihandschrift, dem so genannten Katzenbuchgedicht (zwischen 1350 und 1750 in Ayutthaya entstanden), werden diese muskulösen Katzen liebevoll beschrieben. Man preist den silberblauen Glanz ihres Fells sowie ihre grünen Augen, von denen gesagt ist, dass sie »leuchten wie ein Tautropfen auf einem Lotosblatt«.

Die Manuskripte belegen, dass die heutige Korat noch immer dasselbe wunderschöne, silberüberhauchte Fell hat wie ihre einstige Vorfahrin, und auch denselben halbgedrungenen Körperbau. In dieser Hin-

sicht stellt die Korat eine große Ausnahme dar, denn andere, ebenfalls in den Handschriften beschriebene einheimische Thairassen haben sich durch Eingriffe westlicher Züchter weit von den Katzen entfernt, die einst ihre Ahnen waren.

Die ersten Korats kamen Ende des 19. Jahrhunderts etwa zur selben Zeit nach Europa wie die Siam. 1896 wurde eine Korat bei der Schau des National Cat Club in der Klasse der Siam vorgestellt, ihrer Fellfarbe wegen aber disqualifiziert. Manche behaupten, diese Katze sei eine Blue-Point-Siam gewesen, andere meinen, es habe sich um eine einfarbig blaue Siam gehandelt. Wie auch immer, Korats wurden erst 1959 registriert, als ein Darra und Nara genanntes Pärchen von Mrs. Jean Johnson von Bangkok aus in die USA gebracht wurde. Bald folgten mehr dieser wunderschönen Katzen und 1965 bildete sich ein erster Züchterverein. Seit 1969 erkennen alle großen Verbände Nordamerikas (auch Australiens und Südafrikas) die Rasse an.

1972 kam die Korat von den USA aus auch nach Großbritannien, wo sie zunächst auf Widerstände traf, weil man meinte, sie unterscheide sich nicht grundsätzlich von anderen blauen Kurzhaarkatzen, doch 1975 wurde die Rasse auch in Großbritannien anerkannt.

Nichtsdestoweniger bleibt die Korat selten – auch in Thailand. Das hängt damit zusammen, dass man in der Korat eine Naturrasse sieht und Fremdkreuzung folglich untersagt ist. Alle Korats müssen ihren Stammbaum auf die original Korat zurückführen können, wie sie in der thailändischen Literatur beschrieben und dargestellt wird.

Die Korat hat einen herzförmigen Kopf und Aufsehen erregende übergroße, runde, peridotgrüne Augen, die ihr einen unschuldigen Ausdruck verleihen, während sie von ihrem Wesen her sehr fordernd und zugleich eigenwillig ist, immer darauf bedacht, ihren Kopf durchzusetzen. Die Pfoten sind oval und kompakt, haben dunkelblaue Ballen und an den Vorderfüßen fünf, an den Hinterfüßen vier Zehen. Da sie aus einem tropischen Klima stammt, hat das Fell keine Unterwolle; bei kaltem Wetter muss sie vor Kälte geschützt werden. In seltenen Fällen treten bei der Korat neuromuskuläre Störungen auf (Veterinärmediziner sprechen von GM1 und GM2), die durch einen Bluttest festgestellt werden können.

Singapura

Entstehungszeit: 1975
Herkunft: Singapur und USA
Ahnen: Umstritten
Andere Namen: Keine
Farbschläge:
  Tabby (gebändert): Sepia-Agouti
Felllänge: Kurz
Felltyp: Glatt, anliegend
Gewicht: 2–4 kg

Die Singapura ist die kleinste unter den Rassekatzen – die durchschnittliche Singapura wiegt 2,7 kg – und sie ist eine der jüngsten Züchtungen. Der Name leitet sich von Singhapura, »Löwenstadt«, dem alten indischen Namen Singapurs ab. Das offizielle Maskottchen Singapurs ist eine Singapura namens Kucinta und am Singapore River steht die Statue einer solchen Katze. Die ursprünglich in Singapur heimischen Katzen waren verwilderte nachtaktive Jäger,

Braun gebänderte Singapura

die an den Abwasserkanälen nach Nahrung suchten. Die Einheimischen nannten sie »Kanalkatzen«.

1975 brachten die amerikanischen Züchter Hal und Tommy Meadows solche Kanalkatzen in die Vereinigten Staaten und begannen ein Zuchtprogramm. Alle heute als Singapuras registrierten Katzen gehen auf diese von den Meadows eingeführten Katzen zurück. 1988 erhielt die Singapura Championship-Status, ist aber bis heute weder von der FIFé noch von der GCCF anerkannt, weil bezüglich ihrer Herkunft noch immer Zweifel bestehen. Während verwilderte Katzen aus Südostasien die Grundlage anderer Rassen, wie der Wilden Abessinier bildeten, ergibt sich hier das Problem, dass die Meadows auch Burmas und Abessinier züchteten, weshalb vermutet wird, diese beiden Rassen seien beim Zuchtprogramm der Singapura mit im Spiel gewesen. Das würde die Kanalkatzen eher zur »Inspiration« der Neuzüchtung machen, nicht aber zu ihrem wirklichen genetischen Grundbaustein. Diese Argumentation baut auf der Tatsache auf, dass der einzige Farbschlag, in dem die Singapura gezüchtet wird, Sepia-Agouti ist – eine charakteristische Abessinierbänderung mit mindestens zwei Streifen auf jedem einzelnen Haar. Genetisch ist sie eine in Sable gebänderte Tabby, die das Ergebnis der Kombination des Burma-Allels (siehe Seite 47) mit dem Agouti- (Tabby-) Muster darstellt, das man erstmals bei der Abessinierkatze entdeckte (siehe Seite 155).

Wenn auch Farbe und Musterung der Singapura von Burma- und Abessinier-Genen herrühren mögen, so verdankt sie ihre Kleinheit und ihr stilles, zurückgezogenes Wesen doch den vorsichtigen, verwilderten Ahnen, die darauf bedacht waren, zu ihrem Schutz möglichst wenig Aufmerksamkeit zu erregen, und deren kleiner Wuchs eine schlechte Ernährungslage vermuten lässt.

Die Singapura trägt ihren kleinen Körper auf kräftigen, jedoch nicht stämmigen Beinen. Die kleinen Pfoten sind oval geformt und haben dunkle Haare zwischen den Zehen, die Ballen sind braun. Der gerundete Kopf zeigt eine gerade Nase mit breiter, abgesetzter Schnauze. Die breiten, schalenförmigen Ohren stehen leicht nach vorn, was der Katze einen permanent aufmerksamen Ausdruck verleiht. Die mandelförmigen Augen sind haselnussfarben, grün oder gelb und schwarz umrandet. Von den inneren Augenwinkeln zur Nase verläuft die typische dunkle »Gepardlinie«, die schon bei Jungkatzen zu sehen ist. Die Singapura ist außerordentlich selten, selbst in den USA. Die Population umfasst nur etwa 2000 Exemplare, was sie zu einer höchst kostbaren Rasse macht.

Singapura, braun gebänderte Tabby

Tonkanese

Entstehungszeit: 1960er-Jahre
Herkunft: USA und Kanada
Ahnen: Burma und Siam
Andere Namen: Tonka, früher Goldene Siam
Farbschläge:
Einfarbig und Tortie-Mink: Braun (Natural Mink in USA), Chocolate (Honey Mink in USA), Blau (Blue Mink in USA), Lilac (Champagne Mink in USA), Rot, Creme (beide in USA nicht allgemein anerkannt), Brown-Tortie, Chocolate-Tortie, Blue-Tortie und Lilac-Tortie
Tabby (alle Muster): Wie einfarbig und Tortie
Felllänge: Mittelkurz
Felltyp: Weich, seidig, dicht anliegend – oftmals wie »Nerzpelz«
Gewicht: 2,5–5,5 kg

»Tonkanese« ist der neue Name einer alten Rasse – der früheren »Kupferkatze« aus Siam (heute Thailand). Die kupferbraunen Katzen des alten Siam waren den Einheimischen als Supalak oder Thong Daeng bekannt und werden in den *Katzenbuchgedichten* erwähnt, alten Handschriften, die zwischen 1350 und 1750 im siamesischen Königreich Ayutthaya entstanden sind. Heute hält man die Supalak für die Ahnin der Burma (siehe Seite 170) und auch der Havana (siehe Seite 185), während die

Apricot-Point Tonkanese

Tonkanese als Kreuzung aus Burma und Siam gilt.

Es könnte sein, dass die einfarbigen Chocolate-Siams, die man in den 1880-er Jahren erstmals in Großbritannien sah, tonkaartige Burma-Siam-Hybride waren. Die erste nachweisliche Tonkanese, die man im Westen zu sehen bekam, war die liebliche Wong Mau, die Mutter der Amerikanischen Burma (siehe Seite 170), die in den 1930er-Jahren von Rangun aus importiert wurde. Aus ihren Nachkommen wurden ihre natürlichen Kreuzungseigenschaften weggezüchtet, doch in den 1950er-Jahren begann man mit einem kontrollierten Zuchtprogramm, um die ursprüngliche »Mischung« wiederherzustellen.

Die moderne Tonkanese ist die erste aus Kanada stammende Züchtung; sie wurde

Blaue Tonkanese

Rotes Tonkanesekätzchen

dort in den 1960er-Jahren entwickelt. Obwohl als Rasse noch so jung, hat sich die Tonka bereits als sehr beliebte Rassekatze erwiesen.

Tonkas tragen ein Siam-Gen *(c^s)* und ein Burma-Gen *(c^b)* und ihre physischen Merkmale stellen eine wunderbare Mischung der beiden Elternrassen dar, sind sie doch weniger schlank und kantig als die Siam, sondern eher stark und ziemlich schwer, dabei von der Persönlichkeit her lebhaft und anschmiegsam wie alle orientalischen Rassen.

Kreuzt man Siam und Burma, so erhält man lauter Tonka-Junge. Kreuzt man jedoch zwei Tonkanesen miteinander, so erhält man mit hoher Wahrscheinlichkeit einen Viererwurf, der zwei Tonkas und zwei Junge enthält, die Siam- bzw. Burma-Färbung auf-

Lilac-Tortie Tonkanese

Brown-Tortie Tonkanese

weisen. Wegen der leichten Unterschiede zwischen Amerikanischer und Europäischer Burma, sind europäische Tonkas etwas kantiger als ihre amerikanischen Gegenstücke.

Als Erste erkannte die Canadian Cat Association die Tonkanese an und verlieh ihr 1984 Championship-Status. Es überrascht nicht, dass kurz darauf auch alle anderen größeren Verbände diese liebenswerten, attraktiven Katzen registrierten. Allerdings herrscht große Uneinigkeit über die akzeptierten Farbschläge und auch die Benennung der Farben ist uneinheitlich.

Die in den USA mit »Natural« bezeichnete Farbe, wird sonst »Brown« (Braun) genannt. Es handelt sich um ein helles Braun, in der Mitte zwischen dem Sable (Zobel) der Burma und dem Seal der Siam, wobei dunklere Seal-Abzeichen weich in die hellere Körperfarbe übergehen. Die Augenfarbe der Naturals ist Blaugrün. Die Lilac – in den USA

Lilac-Mink Tonkanese

Rote Tonkanese

Champagne genannt – ist von blassem, leicht rosa überhauchtem Taubengrau, die Abzeichen sind um eine Schattierung dunkler und folglich zinngrau. Die Augenfarbe der Lilacs reicht von Hellblau bis Grün, der geringste Stich ins Gelbe wird durch die Standards abgelehnt. Bei allen Tonkanesen ist das Oberlid oval, das Unterlid rund.

Rote und cremefarbene Tonkanesen weisen eine leichte Tabbyzeichnung auf – die bei allen Katzen dieser Farbschläge nur sehr schwer zu eliminieren ist –, doch werden sie, anders als in Großbritannien, in den USA nicht allgemein anerkannt. Die Abzeichen der Torties und Tabbys sind bei den Tonkanesen meist weniger ausgeprägt, weil sie von der allgemeinen Fellmusterung überlagert sind, aber Maske und Beine sollten deutlich dunkler sein. Die in den USA gebräuchliche Bezeichnung »Mink« (Nerz) verweist auf das bemerkenswert weiche und dichte Fell der Tonkanesen, das durch seinen besonderen Glanz besticht. Es kann bis zu zwei Jahren dauern, bis dieses Fell seine ganze Schönheit entfaltet hat.

Champagne-Mink Tonkanese

Orientalisch Kurzhaar

Entstehungszeit: 1950er-Jahre
Herkunft: Großbritannien
Ahnen: Siam, Korat, Perser, Kurzhaarkatzen
Andere Namen: In Großbritannien früher Foreign Shorthair
Farbschläge:

Einfarbig und Schildpattfarben: Schwarz, Havana (Chestnut Brown in USA), Cinnamon, Rot, Blau, Lilac, Fawn, Creme, Caramel, Apricot, Foreign White (Oriental White in USA), Black-Tortie, Chocolate-Tortie, Cinnamon-Tortie, Blue-Tortie, Lilac-Tortie, Fawn-Tortie und Caramel-Tortie

Smoke, Shaded und Tipped: Wie einfarbig und Tortie außer Weiß

Tabby (alle Muster) und Silbertabby: Wie einfarbig und Tortie

Felllänge: Kurz
Felltyp: Fein, glänzend, eng anliegend
Gewicht: 4–6,5 kg

Blaue Orientalisch Kurzhaar

Schwarze Orientalisch Kurzhaar

Chocolate-Tortie Orientalisch Kurzhaar

Trotz ihres Namens – und ihres wunderbar orientalischen Aussehens – stammt die Orientalisch Kurzhaar, die in Großbritannien ursprünglich Foreign Shorthair genannt wurde, nicht aus Asien. Der Name besagt lediglich, dass es sich um Katzen mit orientalischen Merkmalen, wie schlankem Körperbau, keilförmigem Kopf und schrägen Augen, handelt. Mit anderen Worten, die Orientalisch Kurzhaar ist eine Siamkatze ohne die sonst für die Siam typischen Abzeichen. Das *Katzenbuchgedicht* (eine zwischen 1350 und 1750 in Ayutthaya entstandene thailändische Handschrift) erwähnt die Vorfahren der modernen blauen und braunen Rassen ebenso wie schwarze, weiße und schwarz-weiße Bi-Colours (Singhasep genannt), und auch Silbertabbys sind abgebildet. Man schätzt, dass selbst heute nur etwa 20 Prozent der »Siamkatzen«, die in der Gegend von Bangkok in Thailand leben, Abzeichen haben, der Rest der Katzen sind einfarbig oder Bi-Colours.

Nachdem der britische Siamese Cat Club sich entschieden hatte, nur die Zucht der blauäugigen Siam mit Abzeichen zu unterstützen, blieben einfarbige Siamkatzen mit gelben oder grünen Augen bei den Ausstellungen aus der entsprechenden Klasse ausgeschlossen. Da es diese ausgeschlossenen Katzen aber gab, begann ein neues Kapitel in der Geschichte der Rasse, die nun den eigenen Namen Orientalisch Kurzhaar erhielt.

Zu den Orientalisch Kurzhaar gehören also alle Katzen mit »Siamkörper«, die nicht die typischen Siam-Abzeichen haben. Grundsätzlich gehören also all diese Katzen, ob einfarbig, Bi-Colour, Tabby, Schildpatt, Shaded, Smoked oder Tipped zu einer Rasse, und sie alle zeigen den eleganten, schlanken, sehnigen Körperbau, den langen, peitschenähnlichen Schwanz und den schmalen, keilförmigen Kopf. Während aber in Großbritannien jeder Farbschlag als eine individuelle Züchtung eingestuft wurde, für die der kollektive

Cinnamon Orientalisch Kurzhaar

Orientalisch Kurzhaar, gestromte Caramel-Tabby

Name Foreign Shorthair galt, wurden die Katzen in den USA als Oriental Shorthair bezeichnet und galten, egal welcher Farbschlag, als eine Rasse. Um Verwirrung und Verwechslungen zu vermeiden, entschloss man sich 1991 auch in Großbritannien die Bezeichnung Orientalisch Kurzhaar zu übernehmen. Trotzdem gibt es nach wie vor Meinungsverschiedenheiten, besonders was die Bezeichnung der Farbschläge angeht.

Tortie-Smoke Orientalisch Kurzhaar

Weiße Orientalisch Kurzhaar

Da zunächst außer der »echten« Siam alle anderen von den Ausstellungsklassen ausgeschlossen waren, schwand das Interesse an der gesamten Rasse, nur die einfarbig Schwarzen und Blauen ähnlichen Körpertyps, die bis zum Ausbruch des Zweiten Weltkriegs in Deutschland gezüchtet wurden, erfreuten sich weiterhin gewisser Beliebtheit. Nach dem Krieg wurde in Großbritannien ein Zuchtprogramm in Angriff genommen, dessen Ziel die Hervorbringung einer braunen Katze orientalischen Typs war. Der erste Durchbruch für die Zucht der modernen Orientalisch Kurzhaar gelang 1962, als im Zuge eines Zehn-Jahres-Programms die Zucht reinerbiger, blauäugiger, weißer

Orientalisch Kurzhaar, Apricot-Silver getupft

Orientalisch Kurzhaar,
Chocolate-Silver getupft

Orientalen klappte. Diese blauäugigen Weißen unterschieden sich in Aussehen und Persönlichkeit deutlich von den weißen Katzen anderer Rassen, vor allem aber litten sie nicht an der sonst mit blauen Augen vergesellschafteten Taubheit. Britische Standards verlangen, dass Weiße Orientalisch Kurzhaar blaue Augen haben; in den USA und anderen Ländern sind auch grüne Augen zugelassen. Dieser Unterschiede im Standard wegen werden die britischen Weißen Orientalisch Kurzhaar als »Foreign White«

Rote Orientalisch Kurzhaar

bezeichnet, die entweder blau- oder grünäugigen der USA hingegen als »Oriental White«.

Da das dominante Gen für weißes Fell andere Farbgene maskiert, und da zur Fixierung der blauen Augenfarbe und der orientalischen Körperform Rückkreuzungen mit der Siam nötig waren, gab es in den Würfen der Foreign White immer einige nicht weiße Junge. Manche hatten nicht nur farbige Abzeichen, sie waren voll gefärbt. Die ersten waren einfarbige Rote und Schwarze sowie getupfte Tabbys. Die getupften Tabbys der Orientalisch Kurzhaar wurden zunächst Mau genannt. Da der

Cinnamon Orientalisch Kurzhaar

Lilac Orientalisch Kurzhaar

Name aber mit der in den USA gezüchteten Ägyptisch Mau (siehe Seite 211) verwechselt wurde, benannte man sie um.

Auffällig war ein Kätzchen mit Siamkörper und dunkler Chestnut-Färbung. Zunächst nannte man die Farbe Havana, doch anerkannt wurde sie unter der Bezeichnung Chestnut Brown. 1970 wurde die Bezeichnung in Havana rückgeändert – doch in den USA blieb es bei Chestnut Brown, um eine Verwechslung mit der Rasse der Havana zu vermeiden. Eine Verpaarung dieser kastanienbraunen Katze mit einer Lilac-Point-Siam ergab endlich die erwünschte tiefbraune Farbe oder ihre Verdünnung Lilac, die in den USA Lavender genannt wird.

Bald folgten weitere einfarbige Farbschläge. Die umwerfend schöne Black Oriental hat tatsächlich Haare, die von der Wurzel bis zur Spitze kohlschwarz sind, auch Nasenspiegel und Ballen sind schwarz, die lebhaft grünen Augen schwarz umrahmt. Doch gibt es auch hellbraune Farbschläge wie Cinnamon (Zimt) und Caramel, das der Farbe von Milchkaffee entspricht. Immer neue, großartige Farbschläge werden herausgezüchtet, sodass heute bereits mehr als 50 Farbschläge anerkannt sind.

Orientalisch Kurzhaar, Caramel-Silver schattiert

Ägyptisch (Egyptian) Mau

Das getupfte Tabbymuster findet sich bei einer Reihe von Katzenrassen, doch ist es meist das Ergebnis einer absichtlichen Züchtung. Nur eine dieser Rassen kann für sich in Anspruch nehmen, diese Fellmusterung von Natur aus zu besitzen. Die Ägyptisch Mau gehört zu den Rassen, die ihren frühen Vorfahren – die die Ahnen aller domestizierten Katzen sind – noch sehr ähnlich sieht. Aus der Kunst Altägyptens sind viele Katzendarstellungen bekannt und fast immer zeigen sie getupfte Tabbys.

Entstehungszeit: 1950er-Jahre
Herkunft: Ägypten und Italien
Ahnen: Ägyptische Straßen- und italienische Hauskatzen
Andere Namen: Keine
Farbschläge:
- **Einfarbig:** Schwarz (nicht allgemein anerkannt)
- **Tabby (getupft):** Bronze
- **Silbertabby (getupft):** Silber (in den USA Pewter/Zinn)

Smoke: Schwarz
Felllänge: Kurz
Felltyp: Weich und dicht
Gewicht: 2,5–5 kg

Bronze Ägyptisch Mau

Silber Ägyptisch Mau

In den frühen 1950er-Jahren wurde die Ägyptisch Mau von der Exilrussin Nathalie Troubetskoy in die Vereinigten Staaten eingeführt. Während eines Ägyptenurlaubs war sie von der Tupfenzeichnung der Straßenkatzen von Kairo so angetan, dass sie eine weibliche Silver-Spotted nach Italien mitnahm und dort mit einem lokalen getupften Hauskatzenkater verpaarte. Das Ergebnis waren bronzegetupfte Junge. 1953 kam das erste Mau-Pärchen, Gepa und Ludol genannt, in die USA, doch es sollte noch 15 Jahre dauern, ehe die CFA die Mau offiziell anerkannte, und weitere zehn Jahre, ehe britische Verbände nachzogen.

Die Mau ist eine gut bemuskelte, grazile Katze von mittlerer Größe, weder gedrungen noch schlank. Entsprechend ist ihr Kopf weder rund noch keilförmig, sondern ein gerundetes Mittel, die Nase ist von der Wurzel bis zur Spitze gleichmäßig breit. Auf der Stirn zeigt sich immer das typische Tabby-M. Die ungewöhnlich großen stachelbeergrünen Augen, die bei Jungkatzen sehr dunkel sind und später deutlich heller werden, sind durch die schwarze Umrandung akzentuiert, was eine Erinnerung an das Augenmake-up Kleopatras wachruft, wie es aus dem berühmten Hollywoodstreifen bekannt ist. Am hervorstechendsten aber ist die Fellmarkierung der Mau, die auf den Flanken beliebig gesetzt sein kann, doch auf dem Rückgrat verlaufen die Tupfen in symmetrischen Reihen, die am Schwanzansatz zu einer Linie verschmelzen. Obwohl die Juroren es vorziehen, wenn die Tupfen auf den Flanken rund und dabei gleichmäßig verteilt sind, ist die beliebige Verteilung doch häufiger – und nicht weniger schön anzusehen. Die Beine sind gebändert.

Die anerkannten Farbschläge der Mau sind Silber (schwarze Markierung auf silberner Agouti-Grundfarbe), Bronze (chocolatefarbene Markierung auf Bronze-Agouti) sowie Smoke (Grundfarbe Silbergrau mit Spitzenfärbung in gebrochenem Schwarz und Markierung in Tiefschwarz). Die Mau-Smoke unterscheidet sich von der Smoke anderer Rassen insofern, als diese üblicherweise keine Tabbyzeichnung haben. Die Spitzenfärbung erzeugt nicht mehr als gerade eben einen feinen Kontrast. Bei allen Fellfarben sind stachelbeergrüne Augen erwünscht. Obwohl die runden Augen einen besorgten Ausdruck zu haben scheinen, verstärkt durch die Angewohnheit der Mau, »Selbstgespräche« zu führen, ist die Mau eine freundliche Katze, die allerdings manchmal auch sehr reserviert sein kann.

Ägyptisch Mau, Black-Silver getupft

Ocicat

Entstehungszeit: 1964
Herkunft: USA
Ahnen: Siam, Abessinier, Amerikanisch Kurzhaar
Andere Namen: Oci
Farbschläge:
- **Tabby (getupft):** Tawny (CFA Bezeichnung), Braun, Chocolate, Cinnamon, Blau, Lilac / Lavender und Fawn
- **Silbertabby (getupft):** Wie Tabby
- **Smokes:** Wie Tabby
- **Einfarbig:** Wie Tabby

Felllänge: Kurz
Felltyp: Weich, fein und glatt
Gewicht: 2,5–7 kg

Silber Ocicat

Die Ocicat, eine relativ neue und sehr ansprechend benannte Züchtung, ist das Ergebnis einer zufälligen Paarung zwischen einem Chocolate-Point-Siamkater und einer weiblichen Hybridkatze – einer Mischung aus Abessinier und Seal-Point-Siam. Die 1964 in Michigan, USA, geborenen Jungen sahen aus wie Abessinier. Doch als eines dieser Jungen mit einer Siam verpaart wurde, umfasste der Wurf nicht nur eine Siam mit Abessinier-Abzeichen, sondern auch ein getupftes Kätzchen, das den Namen Tonga bekam. Dieser getupfte Schlag wurde zunächst »Accicat« genannt – der akzidentellen, also zufälligen Elternschaft wegen –, dann »Ocelette«, weil er einem Ozelot ähnlich sah. Tonga wurde kastriert und war ein liebes Haustier; die

Tawny-Brown Ocicat

Chocolate Ocicat

Besitzerin, Virginia Daly, wiederholte den Paarungsversuch, dem diesmal Dalai Tulua entsprang, die eigentliche Mutter der Ocicat. Tom Brown half, die Ocicat weiterzuentwickeln, indem er Amerikanisch Kurzhaar einkreuzte. 1966 wurde die Ocicat von der TICA offiziell anerkannt.

Als relativ große Rasse – die Tiere sind muskulös und überraschend kräftig gebaut – wiegt die durchschnittliche ausgewachsene Ocicat etwa 6 kg (allerdings sind die Kater deutlich größer als die Kätzinnen).

Am auffälligsten ist die »dschungelähnliche« Fellzeichnung der Ocicat, die sich durch Tupfen auszeichnet, die idealerweise der spiralförmig zur Flankenmitte hin verlaufenden Tabbyzeichnung entsprechen.

Ursprünglich waren die Flecken kastanienbraun auf cremefarbenem Grundton oder hell schokoladenbraun auf Creme. Die Augen waren bei diesen Farbschlägen goldgelb. In jüngster Zeit sind durch die Einkreuzung von Amerikanisch Kurzhaar auch silberne Ocicats entwickelt worden. Alle Silberfarben haben weiße Grundierung, wodurch die Markierungen besonders hübsch hervorstechen.

Der keilförmige Kopf zeigt eine breite Schnauze, die mandelförmigen Augen stehen leicht schräg. Wie die Ägyptisch Mau (siehe Seite 211) hat auch die Ocicat dunkel umrandete Augen, die durch die spezielle gabelbeinförmige Zeichnung auf Schläfen und Wangen an ein altägyptisches Augen-Make-up erinnern. Der mittellange, schlanke Schwanz ist ebenso wie die Beine gebändert. Während die Standards eine »wild« wirkende Katze verlangen, ist die Ocicat ihrem Wesen nach eine verspielte, sehr gesellige Katze; freundlich, wie man sich eine Katze nur wünschen kann!

Ocicat, Chocolate-Silver getupft

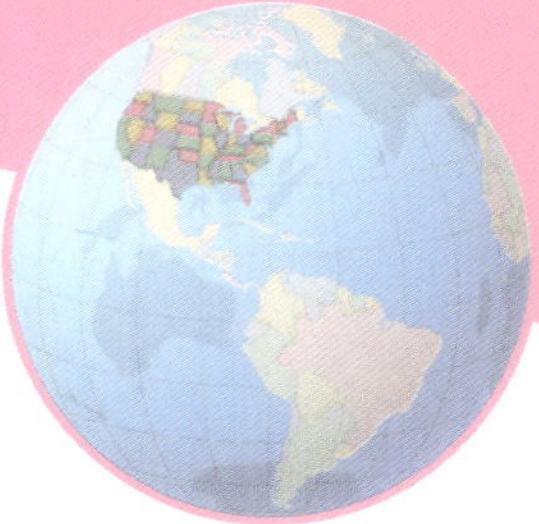

Bengal

Entstehungszeit: 1983
Herkunft: USA
Ahnen: Asiatische Bengalkatze, Ägyptisch Mau, indische Straßen- und Hauskatzen
Andere Namen: Früher Leopardette
Farbschläge:
Tabby (getupft und marmoriert): Braun, Charcoal (Kohle) und Snow (Schnee)
Felllänge: Mittellang
Felltyp: Weich und sehr dick
Gewicht: 5,5–10 kg

Braun / Schwarz getupfte Bengal

Diese noch immer sehr seltene Rasse vereint die wunderbare Fellzeichnung der wild lebenden Asiatischen Bengalkatze mit der Zutraulichkeit der Hauskatze. Die Asiatische Bengalkatze ist eine kleine, durchschnittlich nur 4,5 kg wiegende, in den Wäldern Südasiens heimische Wildkatze. In den 1960er-Jahren stand zu befürchten, dass sie ausstirbt, was die Züchterin Jean Sugden (später Mill) 1963 veranlasste, eine Verpaarung mit Hauskatzen zu versuchen.

Andere Wildkatzen, wie Ozelot und Marguay, hatten sich schon oft erfolgreich mit Hauskatzen gekreuzt, doch meist zeigten die Nachkommen das Temperament des wilden Elternteils. Dr. Willard Centerwall von der University of California setzte zehn Jahre später das begonnene Zuchtprogramm fort, um die Immunität der Asiatischen Bengalkatze gegen das Virus der Feline-Leukämie zu erforschen. Aus diesem Programm ging die Bengal hervor. Acht seiner Hybriden gab Dr. Centerwall an Jean Mill. Die erste Bengal, die 1983 registriert wurde, trug den stolzen Namen Millwood Finally Found.

Braun marmorierte Bengal

Snow-Spotted Bengal

Durch die früheren Kreuzungen mit rasselosen Hauskatzen waren unerwünschte Gene (Farbverdünnung und Langhaarigkeit) eingeführt worden. Spätere Kreuzungen mit indischen Straßenkatzen und der Ägyptisch Mau führten die Tupfen, die Siamzeichnung und blaue Augen ein, was die ungewöhnliche »Schneeschattierung« zur Folge hatte. Während die registrierten Züchtungen kontrolliert werden, um Einkreuzungen von rasselosen Tieren zu unterbinden, sind Bengalzüchter vom Ergebnis solcher Einkreuzung ganz begeistert, brachten sie doch Farbschläge hervor, die man »Pearl dusting« nennt.

Seal-Mink-Mabled Bengal

Der erste Farbschlag, der stabilisiert werden konnte, war Brown Spotted, und die Bengals dieser Musterung ähneln der wilden Bengalkatze so sehr, dass sie sogar den Ocellus oder Daumenabdruck genannten hellen Fleck auf der Rückseite der

Snow-Spotted Bengal

Blauäugige Snow-Marbled-Bengal

Ohren haben, der an das Auge der Pfauenfeder erinnert. Die Zeichnung ist dunkelbraun oder schwarz. Die Tupfen auf dem Fell sollten groß sein, um Ringe oder Rosetten zu bilden, und zufällig verteilt sein, sie sollten nicht den senkrechten Streifen des getigerten Tabby ähneln. Die Marmorierung des Marbled Bengal sollte drei Farbabstufungen zeigen – die Grundfarbe, die dunklen Markierungen und noch dunklere Umrisse. Wie man es bei einer Rasse erwarten kann, die ihren Ursprung einem kleinen Leoparden verdankt, ist die Bengal sehr kräftig, hat eine breite Brust, große, runde Pfoten, leicht stämmige Beine und einen muskulösen Hals. Der Kopf ist verhältnismäßig klein, von gerundeter Keilform mit kurzer Nase, deren Spiegel ziegelrot und schwarz umrandet ist. Die kurzen Ohren sind im Ansatz breit und haben gerundete Spitzen ohne Ohrbüschel. Die Augen sind groß, oval, leicht schräg gesetzt und häufig grün. Wie ihr wilder Vorfahr ist die Bengal ein ausgezeichneter Jäger, aber auch eine verspielte Hauskatze. Während manche behaupten, dass gerade die Bengal ein besonders wildes Temperament habe, weisen andere darauf hin, dass man das von fast allen Katzen behaupten könne.

Schwarz getupfte Bengal

Manx

Entstehungszeit: Vor 1700
Herkunft: Isle of Man, Großbritannien
Ahnen: Hauskatzen
Andere Namen: Keiner
Farbschläge: Die meisten anerkannten Farben sind erlaubt (siehe auch Britisch Kurzhaar, Seite 130)
Felllänge: Kurz, doppellagig, dicke Unterwolle, längere Deckhaare
Felltyp: Rau, aber glänzend
Gewicht: 3,5–5,5 kg

Um den Ursprung der berühmten, von der Isle of Man stammenden, schwanzlosen Manx ranken sich fantasievolle Geschichten. Einer dieser Legenden zufolge war sie zu spät zur Arche Noah gekommen. Sie konnte gerade noch hineinschlüpfen, verlor aber den Schwanz, als Noah die Tür zuschlug. Eine andere Legende besagt,

Red-Tabby-Manx

irische Einwanderer hätten mit den abgehackten Schwänzen der Katzen ihre Helme geschmückt, weshalb die Katzenmütter ihren Jungen die Schwänze abgebissen hätten, um diesen Missbrauch zu verhindern. Einer anderen Theorie zufolge soll die Manx aus Japan stammen – auch dort gibt es schwanzlose Katzen – und vor rund 1000 Jahren per Schiff auf die Insel vor der Westküste Großbritanniens gekommen sein, und wieder andere sagen, die Katzen seien von den sinkenden Schiffen der Spanischen Armada aus auf die Insel geschwommen.

Tatsächlich begünstigte die Isolation der Insel die Weitergabe des dominanten Gens einer spontanen Mutation, zu der es vor rund 400 Jahren gekommen sein soll. Schwanzlosigkeit als spontane Mutation kommt bei allen Katzenpopulationen von Zeit zu Zeit vor, kann sich aber nur bei isolierten Gruppen durchsetzen, wie etwa bei der Manx und der Japanischen Stummelschwanzkatze. Trotz ihrer Schwanzlosigkeit kann die Manx gut klettern und balancieren.

Die Manx ist selten. Die Würfe sind klein – manchmal nur zwei Junge – und gefährdet, denn reinerbige Tiere, die das Manx-Gen von beiden Elternteilen erben, sterben bei oder kurz nach der Geburt. Die von den Ausstellungen bekannten Manx sind ungleicherbig, das heißt, sie haben einen Elternteil mit normalem Schwanz. Doch auch sie sind gesundheitlich gefährdet; Spina bifida (Wirbelsäulenspaltung) kommt häufig vor, ebenso Verwachsungen der Knochen der unteren Wirbelsäule. In Deutschland ist die Zucht der Manx dieser Probleme wegen verboten.

Da Ungleicherbigkeit zur erfolgreichen Fortpflanzung nötig ist, werden immer wieder Manx mit zwar relativ kurzem, aber normalem Schwanz geboren. Insgesamt unterscheidet man vier Kategorien: »Rumpies« mit einer Vertiefung am Ende der Wirbelsäule sind die völlig schwanzlosen Manx, die man auf Ausstellungen sieht. »Rumpy-Risers« haben einige Schwanzwirbel, die eine Art Knopf bilden. »Stumpies« oder »Stubbies« haben einen beweglichen Stummelschwanz mit einem Knick. »Longies« oder »Tailies« haben einen fast natürlich langen Schwanz, durch den sie von »normalen« Katzen kaum zu unterscheiden sind. Alle vier sind Manxkatzen, und die Züchter verpaaren die Rumpies eher mit Longies als mit Britisch oder Amerikanisch Kurzhaar.

Der fehlende Schwanz ist zwar ihr hervorstechendstes Merkmal, doch hat die Manx auch deutlich kürzere Vorder- als

Brown-Tabby-Manx

Hinterbeine, weshalb sie einen typischen Hoppelgang hat. Sie bewegt sich also völlig anders als die schlanke, sehnige orientalische Katze. Verstärkt wird der rundliche Gesamteindruck der Manx durch den großen, runden Kopf, die vollen Wangen und das dichte, doppellagige Fell, bei dem sich deutlich zwischen der weichen, daunengleichen Unterwolle und dem glänzenden, aber raueren Deckhaar unterscheiden lässt.

In Großbritannien erkennt die GCCF die Manx in allen Farbschlägen und Mustern an, in den USA schließt die CFA alle Varietäten aus, die Einwirkungen von Genen für Chocolate oder Siamabzeichen zeigen. Ausstellungskatzen sind allein die Rumpies, doch auch alle anderen Manxkatzen sind exzellente Hausgenossen mit liebenswerten Eigenschaften.

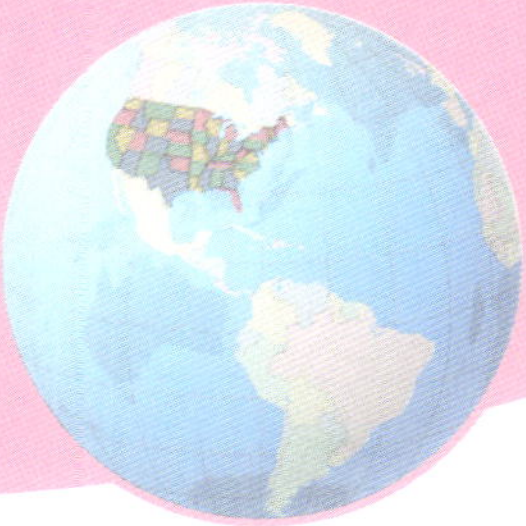

American Bobtail

Entstehungszeit: 1960er-Jahre
Herkunft: USA
Ahnen: Ungewiss
Andere Namen: Keine
Farbschläge: Alle Farben und Muster einschließlich Sepia, Pointed und Mink
Felllänge: Kurz, doch lang genug, um vom Körper abzustehen
Felltyp: Elastisch, doppellagig, etwas zottelig
Gewicht: 3–7 kg

Bis vor kurzem gab es nur wenige schwanzlose oder Stummelschwanzrassen. Doch sowohl die Manx (siehe Seite 224) als auch die Japanische Stummelschwanzkatze existieren seit Jahrhunderten. Letztere gilt in Japan als Glücksbringer und ist auf Wandmalereien des Gotokuji-Tempels in Tokio in typischer Haltung mit erhobener Pfote abgebildet. Jüngst ist die Kurile Island Bobtail als neue Züchtung hinzugekommen, die von der Inselkette der Kurilen stammt, die es aber tatsächlich schon seit mehr als 200 Jahren geben soll.

American Bobtail, Blue-Lynx-Point

Longhair-American Bobtail, Chocolate getupfte Tabby

Die American Bobtail gehört zu den ältesten dieser neuen Stummelschwanzrassen. Ihre Herkunft ist unklar. Die einzige schwanzlose Wildkatze Nordamerikas, der Rotluchs, ist als Vorfahr der American Bobtail umstritten. Vielmehr könnten Gene der Manx (siehe Seite 224) und/oder der Japanischen Stummelschwanzkatze im Spiel sein, da beide Rassen bei amerikanischen Züchtern sehr bliebt waren. Manxkatzen tauchen schon früh in US-Zuchtregistern auf, und Japanische Stummelschwanzkatzen wurden bereits 1963 bei Ausstellungen gezeigt und bald auch in den USA gezüchtet.

Die American Bobtail lässt sich auf ein zufällig entstandenes stummelschwänziges Tabbykätzchen zurückführen, das in den frühen 1960er-Jahren in einem Indianerreservat in Arizona zur Welt kam und von John und Brenda Sanders nach Iowa gebracht wurde. Die erste Zuchtphase zielte auf die Erzeugung stummelschwänziger Katzen mit der Musterung der Snowshoe (siehe Seite 152), doch die Katzen wiesen gesundheitliche Schäden auf. Um die Gesundheit der Rasse zu stärken, führte Züchter Reaha Evans ein breiteres Spektrum an Farbschlägen und Mustern ein. 1989 erkannte die TICA die Rasse an.

Es gibt sowohl kurz- als auch langhaarige American Bobtails. Da das Langhaar-Gen aber rezessiv ist, gibt es weniger langhaarige Exemplare dieser ohnehin seltenen Rasse. Das Fell der kurzhaarigen American Bobtails weist Deckhaare auf, die lang genug sind, um vom Körper abzustehen, sodass die Katzen ein wenig zottelig wirken. Gut bemuskelt, ist die American Bobtail eine Katze mit halbgedrungenem Körperbau. Die Beine sind schwer, mit großen, runden Pfoten. Anders als die Rumpie der Manx hat die American Bobtail einen Schwanz, er muss allerdings über dem Sprunggelenk enden.

Seal-Lynx-Point American Bobtail

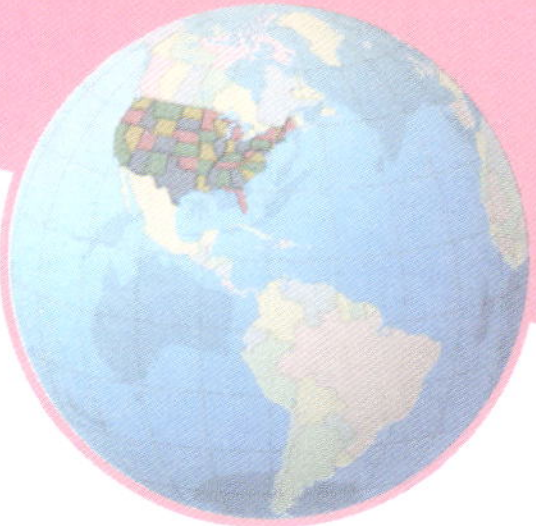

Pixiebob

Entstehungszeit: 1980er-Jahre
Herkunft: USA
Ahnen: Hauskatze und vielleicht Rotluchs
Andere Namen: Keine
Farbschläge:
Tabby (getupft und Rosettenmuster): Braun
Felllänge: Kurz, doch lang genug, um zu zotteln
Felltyp: Dick und dicht
Gewicht: 4–8 kg

In den vergangenen 20 Jahren haben Züchter immer wieder versucht, durch Verpaarung von Haus- und Wildkatzen neue Katzen zu entwickeln, doch meist erben die Nachkommen das »wilde« Temperament und Aussehen der Vorfahren. Manchmal gelingen auch zahmere Kreuzungen mit Wildkatzen, wie etwa mit dem kleinen südamerikanischen

Pixiebob, braun getupfte Tabby

Pixiebob, Brown-Ticked-Tabby

Ozelot *(Felis geoffroyi)*, der in den Wäldern und Buschländern zwischen Bolivien und Patagonien lebt. Er ist grau mit schwarzen Fellflecken und wiegt 2–3 kg. Bei Verpaarung mit Hauskatzen ergeben sich zahme Kätzchen mit wunderbar exotisch getupftem Fell. Solche Hybriden – so genannt, da sie genetisch unähnliche Eltern haben – zeigen Fellmuster, die man bei Hauskatzen zuvor nicht gesehen hat, wie die an den Ozelot erinnernden Rosetten und ringförmige Tupfen.

In den USA wollten Züchter eine Katze entwickeln, die dem einheimischen schwanzlosen Rotluchs ähnelt. Die hübsche Pixiebob soll das Ergebnis einer Verpaarung von Rotluchs und Hauskatze sein, doch liegt noch keine DNA-Analyse vor, die das zweifelsfrei belegen könnte. Die meisten der Zuchtkätzchen holten sich die Züchter von Farmen, die in Gegenden liegen, wo es Rotluchse gibt, aber auch verwilderte Hauskatzen. Es wird daher vermutet, dass die Pixiebob von solchen verwilderten Hauskatzen, nicht vom Rotluchs abstammt, dem sie allerdings ähnlich sieht. 1985 erwarb Carol Ann Brewer einige solcher Kätzchen von einer Farm im Staat Washington, sie sollten zur Grundlage der neuen Rasse werden. Obwohl außerhalb der USA kaum bekannt, wurde die Pixiebob 1995 von der TICA anerkannt. Trotz ihres »wilden« Aussehens hat sie das Temperament eines treuen Hundes! Sie ist sehr anhänglich, aber gern Einzelgänger. Das luchsähnliche Aussehen verdankt sie dem Stummelschwanz, den tief liegenden Augen mit den ausgeprägten Brauen, der typischen Gesichtszeichnung und den erwünschten, für den Luchs typischen dunklen Ohrspitzen. Polydaktylie (Mehrzehigkeit), die häufig vorkommt, wird akzeptiert. Das »wilde« Aussehen wird durch die creme-weiße Lippen- und Kinnpartie gemildert.

Pixiebob, braun getupfte Tabby

Cornish Rex

Entstehungszeit: 1950er-Jahre
Herkunft: Cornwall, Großbritannien
Ahnen: Farmkatzen
Andere Namen: Keine
Farbschläge: Alle Farben und Muster einschließlich Sepia und Mink
Felllänge: Sehr kurz
Felltyp: Leithaare fehlen, Unterwolle plüschig und gewellt
Gewicht: 2,5–4,5 kg

Das Hauptmerkmal der Rexkatzen, das kurze wellige bis lockige Fell, ist eine immer wieder auftretende Spontanmutation, die bei Katzen in Großbritannien, Deutschland und in den USA vorkam. Je nachdem, auf welche Weise das Fell gewellt oder gelockt ist, unterscheidet man verschiedene Rassen, wie die Devon Rex (siehe Seite 236), die amerikanische Selkirk Rex oder die extravagante amerikanische La Perm, deren Fell an eine frische Dauerwelle erinnert. Trotz äußerer Ähnlichkeit handelt es sich

Cornish Rex, braun getigerte Tabby

Black-Smoke Cornish Rex

Cornish Rex, Blau-mit-Weiß

bei diesen Rexkatzen um verschiedene Rassen. Verpaart man eine Devon mit einer Cornish Rex, haben die Kätzchen glattes Fell, das sich lediglich in der Textur von anderem Fell unterscheidet.

1950 kam auf einer Farm in Cornwall ein Kater mit gewelltem Fell zur Welt. Die Besitzerin, Nina Ennismore, nannte ihn Kallibunker. Sie erkannte, dass das Fell dem der Rex-Kaninchen ähnelte und verpaarte Kallibunker mit seiner Mutter zurück, was weitere Rexjunge ergab und bewies, dass die Rexmutation rezessiv war. 1957 wurden zwei Nachkommen Kallibunkers in die USA geschickt, wo eine Zucht begründet wurde. Dort vorgenommene Kreuzungen mit Orientalisch Kurzhaar und Siam nannte man

Blue-Cream-Tortie Cornish Rex

»Si-Rex«. Andere Nachkommen Kallibunkers kreuzte man in Großbritannien mit Britisch Kurzhaar und Burma.

In Großbritannien züchtet man die Cornish Rex mit orientalischen Zügen. Sie soll dort einen keilförmigen Kopf, eine breite, gerade Nase, große, schalenförmige, hoch angesetzte Ohren mit gerundeter Spitze, einen schlanken, gut bemuskelten Körper sowie lange, schlanke Beine haben, wobei die Hinterbeine länger als die Vorderbeine sind. Die sehr springfreudige Cornish Rex liebt es, von der Schulter ihres Besitzers auf Möbel und wieder zurück zu springen. Die britische Variante ist weniger grazil als die amerikanische, die noch hochbeiniger ist und mit ihrem leicht hochgezogenen Rumpf deutlich dem Windhund ähnelt.

Gemeinsam ist beiden das fantastisch gelockte Fell. Bei der Cornish Rex fehlen die Leithaare, weshalb sich das Fell sehr weich und plüschig anfühlt. Die Wellen oder Locken – manche sagen, sie sehen wie chinesische Mie-Nudeln aus – sind über den ganzen Körper verteilt. Da den Tieren die Leithaare fehlen, sie also nur die Unterwolle besitzen, sind sie Temperaturschwankungen gegenüber sehr empfindlich und müssen bei kaltem Wetter ganz besonders gut warm gehalten werden.

Cream-Smoke Cornish Rex

Devon Rex

Entstehungszeit: 1960
Herkunft: Devon, Großbritannien
Ahnen: Verwilderte und Hauskatzen
Andere Namen: Pudelkatze
Farbschläge: Alle Farben und Muster
Felllänge: Sehr kurz
Felltyp: Obwohl alle drei Haararten vorhanden sind, ist das Fell gelockt
Gewicht: 2,5–4 kg

Cream-Smoke Devon Rex

1960 fand Beryl Cox nahe einer stillgelegten Zinnmine bei Buckfastleigh in Devon, Großbritannien, einen verwilderten Kater mit gelocktem Fell und verpaarte ihn mit einer streunenden Straßenkatze. Der Wurf enthielt ein gelocktes Kätzchen, das den Namen Kirlee erhielt. Die Eltern mussten offensichtlich miteinander verwandt gewesen sein, denn das Gen für gelocktes Haar ist rezessiv.

Devon Rex, Chocolate-Tortie-mit-Silverpoints

Devon Rex, Chocolate-Silvertabby-mit-Points

Devon Rex, schwarz, Smoke-und-Weiß

Da die schon seit zehn Jahren existierende lockige Cornish Rex sich großer Beliebtheit erfreute, versuchte Beryl Cox Kirlee in diese Linie einzukreuzen – zu ihrer Überraschung wurden aber keine lockigen Jungen geboren – trotz mehrmaliger Versuche. Erst da wurde klar, dass, obwohl Devon und Cornwall so nahe beieinander liegen, sich zwei Rex-Populationen mit nicht verwandten Mutationen herausgebildet haben mussten. Die Rasse der Devon Rex konnte also nur durch Inzucht weiterentwickelt werden.

Schildpatt Devon Rex

Chocolate-Smoke Devon Rex

Black-Smoke Devon Rex

Devon Rex

Obwohl Cornish und Devon Rex gelocktes Fell haben, unterscheiden sie sich signifikant. Die Devon hat eine unverwechselbare Kopfform, die einmalig bei den Rassekatzen ist und die sie Kirlee verdankt: ein kurzer, keilförmiger Kopf mit deutlichem Stopp und flacher Stirn. Die großen ovalen Augen stehen leicht schräg. Aus den ausgeprägten Schurrhaarkissen sprießen gelockte Tasthaare. Die außerordentlich großen Ohren sitzen tief an, haben einen breiten Ansatz und laufen in gerundete Spitzen aus. Die Devon hat dadurch eine Art Koboldgesicht. Doch der Gesichtsausdruck kann täuschen, denn der Körper der Devon Rex ist zwar schlank, aber fest und muskulös, wobei sich eine breite Brust mit schlanken Beinen kombiniert – die Hinterbeine sind länger als die Vorderbeine –, was sie manchmal ein wenig O-beinig erscheinen lässt. Das Fell der Devon ist weniger dicht als das

Weiße blauäugige Devon Rex

Brown-Tabby-Devon Rex

der Cornish Rex und weist kurze, weiche Wellen und Wirbel auf. Durch vielfältige Kreuzungen traten ein großes Spektrum an Mustern und Farben auf. Da bei ihr die Deckhaare gewellt sind, fühlt sich das Fell etwas rauer als das der Cornish an und viele behaupten, Smoke-Schattierungen kämen bei ihr besser zur Geltung als bei glatthaarigen Katzen.

Sphynx

Entstehungszeit: 1966
Herkunft: Kanada, USA und Europa
Ahnen: Rasselose Perser
Andere Namen: Ursprünglich Canadian Hairless
Farbschläge: Alle Farben und Muster einschließlich Pointed, Sepia und Mink
Felllänge: Kein Fell, nur feiner Flaum
Felltyp: Weiche, wildlederartige Haut
Gewicht: 3,5–7 kg

Red-Point Sphynx

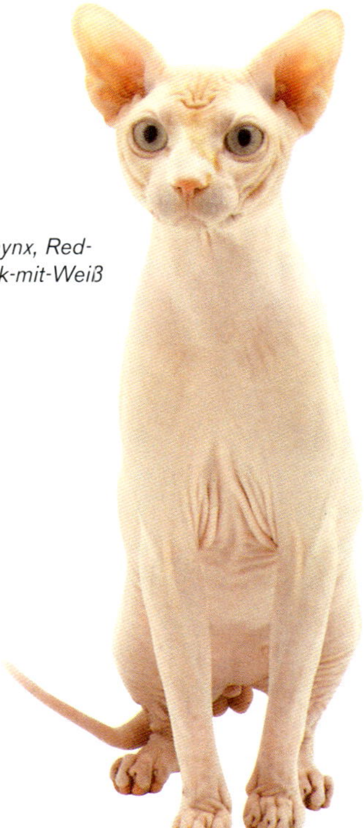

Sphynx, Red-Mink-mit-Weiß

Viele Menschen vermissen bei der Sphynx das hervorstechendeste Katzenmerkmal, das pelzartige Fell. Mehr oder weniger haarlose Katzen sind in verschiedenen Teilen der Welt immer wieder vorgekommen. Die Azteken sollen haarlose Katzen als Hauskatzen gehalten haben – vielleicht waren sie zum Verzehr bestimmt – und in den 1880er-Jahren war die Mexican Hairless beliebt.

Die Haarlosigkeit der Sphynx ist genetisch bedingt, doch sie ist nicht völlig haarlos, sie trägt einen kurzen, seidigen Pfirsichflaum. Sehr dünne, kurze Haare wachsen an den Ohren, an der Schnauze, dem Schwanz und den Füßen und – bei Katern – am Hodensack.

Jeder Haarfollikel besitzt eine Talg produzierende Drüse. Da die Sphynx keine

Lilac Sphynx

Haare hat, die diesen Talg absorbieren, muss sie täglich mit einem Fensterleder abgerieben werden, um das »Fell« und die wildlederähnliche Haut in gutem Zustand zu halten.

Die erste Sphynx – Prune genannt – wurde 1966 geboren, aber die Blutlinie starb aus. 1978 brachte eine Perserkätzin in Toronto ein haarloses Junges zur Welt, das seiner »Missbildung« wegen sterilisiert wurde. Als dieselbe Kätzin später wieder haarlose Junge warf, wurden zwei dieser Kätzchen nach England gebracht und mit einer Devon Rex verpaart. Das Ergebnis – haarlose Junge! Vicki und Peter Markstein nahmen danach in New York mit ihrer E.T. genannten Sphynx weitere Auskreuzungen mit Devon Rex vor, doch die Rasse ist noch immer selten.

Lediglich die TICA erkennt die Rasse an, andere Verbände fürchten, dass die Züchtung mit gesundheitlichen Risiken behaftet ist. In Großbritannien wird die Sphynx von der GCCF registriert, um sicherzustellen, dass das Gen für Haarlosigkeit nicht in die Devon Rex Linien eingeschleppt wird.

Der Einfluss der Devon Rex auf das Erscheinungsbild der Sphynx ist unverkennbar und zeigt sich an dem keilförmigen »Koboldkopf« mit seinen großen Augen und Ohren. Der Körper der Sphynx ist gerundet und muskulös, Hals und Beine sind kräftig. Die Fellfarben und Muster zeichnen sich auf dem Flaum und der Haut ab. Bei Ausstellungskatzen ist das natürliche Fehlen des Fells gefordert, die geringsten Anzeichen von Rasur werden schärfstens bestraft.

Die Sphynx, die nur wenige Liebhaber unter den Katzenfreunden hat, ist mehr als andere Katzen auf die Zuwendung und Pflege ihrer Besitzer angewiesen, da sie extrem kälte- und hitzeempfindlich ist – sie kann leicht einen Sonnenbrand bekommen –, doch ist sie vielleicht gerade deswegen sehr anhänglich und verspielt, gar schelmisch – und in vieler anderer Hinsicht ist sie genauso »katzenartig« wie andere Katzenrassen..

Sphynx, Blue-Tortie-mit-Weiß

Rasselose Hauskatzen

Entstehungszeit: Erste Domestizierung vor rund 4000 Jahren
Herkunft: Weltweit
Ahnen: Wildkatzen der Wälder, Savannen und Sumpfgebiete
Andere Namen: Miezekatze, Muschi, Miez, Stubentiger, Dachhase, Streuner, Büsi ...
Farbschläge: Alle Farben und Muster und wie bei den Schneeflocken gibt es keine zwei, die gleich sind!
Felllänge: Kurz, mittel und lang
Felltyp: Einfach zum Streicheln!
Gewicht: Von Leicht- bis Schwergewicht. Himmy, eine australische Hauskatze, wog 20,8 kg! Weil der Kater seines Übergewichts wegen nicht laufen konnte, wurde er in einer Schubkarre gefahren, bis man ihn auf strikte Diät setzte.

Smoke-Tabby-Hauskatze

Kein Club und kein Verband zeichnet die rasselosen Hauskatzen mit Preisen aus, aber sie sind weltweit als Haustiere beliebt. Sie leben in Luxusvillen und winzigen Appartements und sind die heiß geliebten Freunde von Präsidenten und Monarchen, Rentnern und Kindern. Manchmal sind diese Katzen ausgesprochen gesellig und vertragen sich bestens mit anderen Katzen, sogar mit Hunden und anderen Haustieren. Andere sind Eigenbrötler und Einzelgänger. Manche sind sehr artig, andere ungezogen bis frech. Manche fressen, was man ihnen vorsetzt, andere sind ausgesprochen mäkelige Feinschmecker.

Doch egal, welche Farbe oder welches Muster ihr Fell haben mag oder wie sie von ihrem Temperament her beschaffen sind, rasselose Hauskatzen wurden in Gedichten und Romanen, Opern und Musicals unsterblich gemacht. Man hat sie gemalt, skulptiert, fotografiert, sie sind die Stars von Filmen und Comics und der absolute Hit in der Fernsehwerbung.

Sosehr sich die rasselosen Hauskatzen untereinander unterscheiden mögen, sie sind alle mit den Wildkatzen der jeweiligen Kontinente verwandt und die meisten Stubentiger zeigen diese Verwandtschaft deutlich. Man muss sie nur einmal beobachten, wenn sie sich im Freien, etwa im hohen Gras des Gartens, anschleichen, und sei ihre »Beute« auch nur ein Schmetterling! Man muss ihre Beweglichkeit und ihre Geschicklichkeit bewundern, wenn sie auf Bäume klettern oder auf schmalsten Zäunen balancieren. Und man höre sie schreien, wenn zur Zeit der Rolligkeit ein stolzer Kater aus der Nachbarschaft ins Revier kommt. Und wenn sie müde sind vom Tiger spielen, rollen sie sich zusammen, liegen faul an einem sonnigen Plätzchen – oder im Korb mit der frisch gewaschenen Wäsche – und dösen friedlich vor sich hin.

Ob Rasse- oder streunende Straßenkatze, im Grunde sind alle Katzen gleich: nämlich wunderschöne, anspruchsvolle, anschmiegsame und rätselhafte Wesen, die unsere Liebe und Zuwendung verdienen. Der amerikanische Schriftsteller Mark Twain formulierte es so:

»Ein Haus ohne Katze,
ohne eine gut gefütterte, umsorgte und
umhegte Katze, mag vielleicht in perfektes
Heim sein, doch wie kann es diesen
Anspruch beweisen?«

Weiße Katze mit zwei verschiedenfarbigen Augen

Glossar

Abessinier: Siehe Gebändert.

Abzeichen (Points): Nur auf die äußeren Punke des Körpers, namentlich Ohren, Gesicht, Pfoten und Schwanz, beschränkte dunklere Fellfärbung.

ACA: American Cat Association; Nordamerikas ältester Verband.

ACFA: American Cat Fancier's Association.

Agoutihaar: Farbig gebändertes Haar, das an der Wurzel hell, zur Spitze hin dunkler ist. Die Bezeichnung leitet sich von dem lateinischen Namen des Goldhasen (Dasyprocta agouti) her. Ursprünglich hatten alle Katzen nur Agoutihaare, Non-Agouti ist die Folge einer Mutation.

Albinismus: Fehlende Pigmentierung, sodass die Fellfarbe sehr hell bis weiß ist. Die Augen dieser Katzen sind meist blau, doch weil das Gen, das den Pigmentmangel auslöst, auch die Flüssigkeit der Gehörschnecke austrocknet, sind diese Katzen oft taub.

Allel: Der paarige Ort eines Chromosomensatzes, auf dem die Gene für ein bestimmtes Merkmal sitzen. Die Gene für Agouti und Non-Agouti sowie für lange oder kurze Fellhaare sind Allele.

Auswahlzucht: Zuchtverfahren, bei dem durch gezielte Verpaarung von Katzen mit bestimmten Merkmalen diese Charakteristika weitergetragen und verstärkt werden.

Ballen: Die weichen, fleischigen Polster unter den Pfoten der Katze.

Bi-Colour: Zweifarbig, weißes Fell mit Flecken in einer anderen Farbe.

Blau (Blue): Eigentlich grauer Farbschlag, der von blassem Grau über Blaugrau bis zu dunklem Schiefergrau reicht.

Blesse: Eine Markierung auf der Mitte der Stirn.

Calico: Amerikanische Bezeichnung für den Farbschlag Schildpatt-und-Weiß.

Cameo: Fellfarbe, bei der die Haarspitzen rot oder cremefarben sind.

CFA: Cat Fancier's Association, Nordamerikas größter unter den registrierten

Verbänden; umfasst auch Kanada und Japan.

Champagne: Amerikanische Bezeichnung für den Farbschlag Chocolate bei Burmesen (siehe Seite 170) und den Farbschlag Lilac bei Tonkanesen (siehe Seite 198).

Chinchilla: Farbschlag, bei dem die Fellhaare weiß oder sehr hell und lediglich die äußersten Haarspitzen schwarz (oder andersfarbig dunkel) sind.

Chocolate: Helleres oder dunkleres Schokoladenbraun. Bei Siam heller als Seal.

Chromosomen: In jedem Zellkern vorhandenes, das Erbgut tragendes, fadenförmiges Gebilde aus vier Proteinbausteinen.

Daunenhaar: Weiches, welliges, das Unterkleid bildendes Sekundärhaar.

Dominantes Gen: Ein Gen ist dominant, wenn nur eine Hälfte eines Allels (siehe dort) benötigt wird, um seine Eigenschaft zu vererben.

Doppellagiges Fell: Kurzhaarige weiche Unterwolle mit längerem Deckhaar.

Einfarbig: Katzen, deren Fellhaare aus einfarbigem Non-Agoutihaar bestehen; das Gen dafür ist rezessiv.

Fangzahn: Langer, gebogener Eckzahn.

FIFé: Fédération Internationale Féline, größter internationaler Katzenverband.

Flehmen: Gesichtsausdruck der Katze, wenn das jacobsonsche Organ im Mundhöhlendach durch Geruchsmoleküle stimuliert wird.

Foreign: Englische Bezeichnung für die orientalischen Rassen (siehe dort).

GCCF: Der britische Governing Council of the Cat Fancy, der Zweigstellen in Südafrika, Australien und Neuseeland unterhält.

Gebändert (auch Abessinier, engl. ticked): Tabbymuster, bei dem sich deutliche Abzeichen nur an Kopf, Beinen und Schwanz finden, der Körper ist lediglich leicht meliert.

Gedrungen: Typische Körperform der Katzen aus kühlen Klimazonen – großer, runder Kopf, breiter, gut bemuskelter Rumpf, stämmige Beine, mittellanger bis kurzer, dicker Schwanz.

Gefleckt: Siehe Gestromt.

Geisterzeichnung (ghosting): Am besten bei Jungtieren sichtbare verborgene Tabbymusterung.

Gestromt (engl. classic): Tabbymuster, bei dem breite Streifen an den Flanken spiralförmig in einem Fleck zusammenlaufen.

Geschlechtsgebundenes Rot: Das Gen für die Fellfarbe Rot (und seine Verdünnung Creme) befindet sich auf dem geschlechtsbestimmenden X-Chromosom.

Getigert (engl. mackerel): Tabbymuster, bei dem schmale, parallel angeordnete Streifen von der Wirbelsäule über die Flanken zum Bauch laufen.

Getupft (engl. spotted): Tabbymuster, bei dem der Körper mit Tupfen besetzt, Beine und Schwanz aber häufig gestreift sind.

Grannenhaar: Feine, die mittlere Lage des Fells bildende Sekundärhaare.

Halbschlankrassen (engl. semi-foreign): Katzen mit Körpermerkmalen, die sie sowohl von den gedrungenen europäischen als auch von den schlanken orientalischen Katzen haben.

Heterozygot: Ungleicherbig, im Besitz eines ungleichen Paars von Allelen – je eins von einem Elternteil – für ein bestimmtes Merkmal.

Homozygot: Reinerbig, im Besitz eines identischen Paars von Allelen für ein bestimmtes Merkmal.

Hybrid: Nachkommen einer Verpaarung genetisch unähnlicher Eltern, besonders zwischen verschiedenen Arten, wie beispielsweise Wild- und Hauskatzen.

Inhibitorgen: Ein Gen, das verhindert, dass sich das ganze Haar mit Pigment füllt, wodurch feine Musterungen entstehen. Bei einfarbigen Katzen entsteht die Smokefärbung, bei Agoutifell Schattierungen und Silbertabby.

Jacobsonsches Organ: Im Mundhöhlendach sitzendes Sinnesorgan, das auf Geruchsmoleküle reagiert.

Keilform: Dreieckige Kopfform der orientalischen Rassen, beispielsweise der Siam.

Kutikula: Überlappende Häutchenzellen an der Oberfläche eines Katzenhaares, die das Licht reflektieren.

Lavender: Amerikanische Bezeichnung für den Farbschlag Lilac.

Lilac: Farbschlag, Verdünnung von Chocolate, ein blasses, rosa überhauchtes Grau; wird in den USA meist Lavender genannt.

Leben: Lebende Lederhaut im Innern der Katzenkralle.

Leithaare: Auch Primärhaare, die längsten und dicksten Haare des Fells.

Maske: Durch Abzeichen dunkler getönte Teile des Gesichts, wie sie beispielsweise für die Pointed-Siam typisch sind.

Maskieren: Der Effekt, dass ein Gen die Gegenwart eines anderen überdeckt oder »maskiert«.

Mauser: Meist saisonal bedingtes Abwerfen eines Teils des Fells.

Mutation: Spontane oder künstlich herbeigeführte Veränderung im Erbgefüge, sodass sich die Nachkommen im Aussehen von den Eltern unterscheiden.

Nasenspiegel: Die ledrige Haut auf der Nasenspitze.

Nickhaut: Drittes Augenlid, das im inneren Augenwinkel der Katze sitzt und das Auge vor zu grellem Licht schützt.

Odd-eyed: Augen ungleicher Farbe, meist ein blaues und ein orange/kupferfarbenes.

Orientalische Rasse (engl. foreign): Katzen aus warmen Klimaregionen mit schlankem, hochbeinigem Körper, großen Ohren, keilförmigem Kopf, meist schrägen Augen und langem Schwanz.

Papillen: Winzige gebogene Häkchen auf der Zunge der Katze, wodurch sie rau wird.

Points: Siehe Abzeichen

Polydaktylie: Mehr als die übliche Zahl von Zehen an der Pfote.

Primärhaare: Siehe Leithaare.

Rezessives Gen: Ein Gen ist rezessiv, wenn beide Hälften eines Allels (siehe dort) benötigt werden, um seine Eigenschaft zu vererben, das heißt, es wird von Generation zu Generation weitergegeben, seine Merkmale werden aber nicht in jeder Generation sichtbar.

Rolligkeit: Zeit der Paarungsbereitschaft der Kätzin.

Sable (Zobel): Amerikanische Bezeichnung für einen braunen Farbschlag; dunkelste Fellfarbe der Burma.

Schlank: Typische Körperform der Katzen aus warmen Klimazonen, siehe auch orientalische Rassen.

Schnurrhaare: Dicke, steife Haare an Kopf, Kehle und Vorderbeinen, die als Sinneshaare dienen.

Seal: Dunkelbrauner Farbschlag wie er bei den Abzeichen der dunkelsten Varietät der Siam vorkommt.

Sekundärhaare: Siehe Daunen- und Grannenhaar.

Semi-foreign: Siehe Halbschlankrassen.

Smoke: Durch das Inhibitorgen hervorgerufene Haarfärbung, bei der der untere Teil des Haares ohne Pigmente und die Unterwolle weiß bleibt.

Standard: Beschreibung der als ideal geltenden Merkmale einer Rasse, mit der die bei einer Ausstellung vorgestellte Katze verglichen und bewertet wird.

Stellreflex: Reflex, dank dessen sich die Katze bei einem Sturz im Fallen drehen und auf den Füßen landen kann.

Stopp: Abrupte Verkürzung des Nasenprofils.

Tabby: Fellmusterung, die getigert, gestromt, gebändert oder getupft sein kann und eine Katze, die ein solches Fell hat.

Tapetum lucidum: Hinter der Netzhaut gelegene Schicht aus reflektierenden Zellen im Auge der Katze, die das Licht spiegeln, sodass die Katze auch bei wenig Licht gut sieht.

TICA: The International Cat Association, der liberalste und experimentierfreudigste Verband in den USA.

Ticking: Farbige Bänderung auf jedem Haar, wie man es charakteristischerweise beim Agoutihaar der Abessinier (siehe Seite 155) sieht.

Tipped: Farbschlag, bei dem die Enden der Haare gefärbte Spitzen haben. Je nach der Intensität der Färbung spricht man von Chinchilla, Smoke oder Shaded (Schattiert).

Torbie: Englische Bezeichnung einer Schildpatt-Tabby-Katze.

Tortie: Englische Abkürzung für Tortoiseshell (Schildpatt) zur Bezeichnung dieses Farbschlags oder einer Katze mit Fell dieses Farbschlags.

Van-Fellzeichnung: Von der Türkisch Van hergeleitete vorwiegend weiße Färbung mit einfarbigen oder Schildpattflecken nur an Kopf und Schwanz.

Varietät: Genaugenommen eine Unterteilung einer Rasse, wie etwa ein bestimmter Farbschlag, oft aber wird der Begriff etwas ungenau für »Rasse« verwendet.

Verdünnungs-Gen: Ein rezessives Gen, das bewirkt, dass das einzelne Haar weniger stark pigmentiert ist, das Fell erscheint dadurch heller.

Vibrissae: Siehe Schnurrhaare.

Wurf: Gesamtheit der auf einmal von der Kätzin geborenen Jungen.

Adressen

Deutschland

World Cat Federation
Geisbergstr. 2
45139 Essen

1. Deutscher Edelkatzenzüchter Verband e. V.
Berliner Str. 13
35614 Asslar
www.dekzv.de
(Mitglied der FIFé)

Gemeinschaft der Katzenfreunde e.V. (GfK e.V.)
Postfach 103420
50474 Köln
www.gdk-ev.com

Verband deutscher Katzenfreunde
Postfach 801105
51011 Köln

Deutscher Tierschutzbund e.V.
Baumschulallee 15
53115 Bonn
www.tierschutz.de

International

Fédération Inernationale Féline (FIFé)
Boerhaavelaan 23
NO–5644 BB Eindhoven
Netherlands

Großbritannien

Governing Council of the Cat Fancy / GCCF)
4–6 Penel Orlieu,
Bridgwater,
Somerset,
TA6 3PG

Cat Association of Britain (CA)
Mill House,
Letcombe Regis,
Oxfordshire
OX12 9JD

USA

American Cat Association (ACA)
8101 Katherine Drive,
Panorama City,
CA 91402

American Cat Fancier's Association (ACFA)
PO Box 203
Point Lookout,
MO 65726

Cat Fancier's Federation (CFF)
9509 Montgomery Road,
Cinncinatti,
OH 45242

Register

Danksagung

Die Autorin dankt:

Vic Swift von der British Library in London sowie allen Katzenbesitzern, Züchtervereinen, Gesellschaften und Verbänden, die durch ihre freundliche Hilfe zu diesem Buch beigetragen haben. Dank auch für die Informationen aus dem Internet.

Im Internet finden Sie weitere Informationen über Katzenrassen, Clubs und Verbände sowie zur Haltung und Pflege von Katzen. Wenn Sie sich eine Katze zulegen möchten, bedenken Sie, dass Sie sich ein Lebewesen ins Haus holen, um das Sie sich kümmern müssen – so lange es lebt!